21世纪高职高专精品教材·财经类专业平台课

世界500强
经营管理之道

朱吉玉 编著

Business Management Art of
WORLD TOP 500

东北财经大学出版社
Dongbei University of Finance & Economics Press
大连

图书在版编目（CIP）数据

世界500强经营管理之道／朱吉玉编著．— 大连：东北财经大学出版社，2011.9

（21世纪高职高专精品教材·财经类专业平台课）

ISBN 978-7-5654-0557-0

Ⅰ．世… Ⅱ．朱… Ⅲ．企业管理-高等职业教育-教材 Ⅳ．F270

中国版本图书馆CIP数据核字（2011）第182878号

东北财经大学出版社出版

（大连市黑石礁尖山街217号 邮政编码 116025）

教学支持：（0411）84710309

营 销 部：（0411）84710711

总 编 室：（0411）84710523

网 址：http：//www.dufep.cn

读者信箱：dufep@dufe.edu.cn

大连华伟印刷有限公司印刷 东北财经大学出版社发行

幅面尺寸：185mm×260mm 字数：205千字 印张：9 3/4

2011年9月第1版 2011年9月第1次印刷

责任编辑：张旭凤 郭海雷 王瑜 责任校对：何群 尹秀英 孙萍

封面设计：张智波 版式设计：钟福建

ISBN 978-7-5654-0557-0

定价：20.00元

前　言

美国著名的《财富》杂志每年推出的"全球500强排行榜"有着巨大的影响，以至于超越了国家、民族、文化而成为全球经济的风向标。世界各国的企业，都把能跨进这个行列视作一种荣耀，更多的企业则把它看成是自己长期奋斗的目标。

世界500强企业在长期发展过程中，创造并引领着现代企业发展的规范、制度和观念。它们所取得的成就、积累的经验，更是人类文明发展史上的共同财富。本书期望通过对世界500强企业的成功经验进行总结和剖析，能够为我国企业的发展提供良好的借鉴。

当前，世界经济一体化趋势日益凸显，国际竞争日趋激烈，"与狼共舞"已成为在经济快速增长中不断发展壮大的中国企业不容回避的问题。不过，从目前的情况来看，中国的许多企业与世界500强企业相比还存在着较大的差距，这种差距并不仅仅是技术、设备等物质层面的，而更多地表现在企业经营管理方面。中国企业目前面临的最紧迫的使命之一，就是把自己放到一个更大的背景下——比如与通用电气、沃尔玛等这样一些世界500强企业一起——比较研究一番，如此才能为超越自我、实现质的提升做好思想上的准备。

中国企业要想发展壮大、少走弯路，必须要吸取世界上其他企业的成功经验和教训，世界500强企业无疑是值得我们学习、借鉴的最好榜样。要想成为巨人，就必先学习巨人！只有站在巨人的肩膀上，我们才能看得更远、做得更好。这也是本书所要表达的一个核心理念。

为了帮助读者了解世界先进的管理方法，更新企业高层管理人员的思维方式和知识结构，使企业树立起适应全新经济环境的经营管理理念，本书精选了多年来活跃在世界500强前列的企业的案例，主要从经营、管理、营销、用人四个方面，分门别类地深入剖析了它们的经营管理之道。我们通过对这些著名企业经营个案的分析，尝试挖掘它们的独特理念，收集它们在实战中的经营智慧，以期给读者树立一个个鲜活的学习榜样。

为增强本书的可读性和趣味性，本书还设置了"财富故事"、"经营秘诀"、"创业故事"、"补充阅读"、"小思考"等栏目。当然，由于篇幅和编者水平所限，我们不可能一一穷尽所有世界500强企业来举例，只是精选了在经营管理方面最具代表性且长盛不衰的企业作为样板，以期达到窥一斑而知全豹的目的。

作者
2011 年 8 月

目　录

附　录

主要参考文献

第一章　世界 500 强概述

第一节

世界 500 强的历史由来

"世界 500 强"是我们对美国《财富》杂志每年评选出的"全球最大 500 家公司"排行榜的一种约定俗成的称谓。此外，《财富》杂志还评选"美国最大 500 家公司"（也称为"财富 500 强"）、"美国和全球最受赞赏的公司"、"美国青年富豪排行榜"、"全球商界最具权势 25 位企业家"等一系列排名。

世界 500 强（Global 500）排行榜的历史始于 1955 年。《财富》杂志根据各公司 1954 年的总收入，对美国最大的 500 家工业企业进行了排名，从而诞生了"美国 500 强"排行榜。第二次世界大战后，美国崛起成为世界上最大的超级经济大国，为了满足对美国产品的需求，无论是在美国国内还是在国际上，美国企业都在以极快的速度进行扩张。《财富》杂志研究员们将记录这一增长趋势作为自己的责任，一致认为应该根据企业的收入为这些企业建立起一个排行榜，他们觉得排出这样一份榜单并不是一件困难的事，因为他们一直在定期收集这些企业的信息。尽管当时社会上的确存在对这种榜单的需求，但是《财富》杂志员工们却低估了制作这样一份榜单的工作量。

第一份榜单获得了轰动性的成功。20 世纪 70 年代初期，在美国参议院一次有关美国经济的听证会中，一位参议员指出："如果《财富》杂志没有推出美国 500 强排行榜，那么我们也需要别的什么人来发明这样一份排行榜。它所提供的信息对于国家利益来说至关重要。"

在第一份榜单推出后的两年里，著名的"财富法则"开始成型，当时对榜单的改进以及对规则的解释一直持续到了今天。排名规则是这份榜单成功的关键，这些规则清晰、透明，对所有企业都是根据这些相同的标准进行衡量的。

美国国内企业排行榜的成功，促成了一份类似的国际排行榜的出炉。第一份国际排行榜刊登于《财富》杂志 1957 年的 7 月刊上，这份榜单叫做"美国之外的 100 家最大的工业企业"（The 100 Largest Industrial Companies Outside the U. S. ）。它的推出得到了广泛的好评，结果该榜单在 20 世纪 60 年代扩充至 200 家公司，并在 70 年代初期增加至 300 家。

在第一份排行榜诞生 20 周年之际，《财富》杂志于 1976 年 8 月推出了"美国之外的500家最大的工业企业"排行榜。后来,《财富》杂志在1990年7月30日首次刊登了包含美国企业在内的"全球工业企业500强排行榜"(Global 500 Industrial Companies List)。第二年,也就是1991年的8月26日,《财富》杂志又推出了包含美国企业在内的"全球服务企业500强排行榜"(Global 500 Service Companies List)。

目前的世界500强排行榜同时涵盖了工业企业和服务性企业,这一榜单的首次亮相,是在1995年8月7日的《财富》杂志上。因此,《财富》杂志世界500强榜单的数据历史只能追溯到15年前。而在这段时期里,我们已经见证了一些重大的变化。

最近15年中,各国企业在榜单中所占的席位出现了显著的变化。首先,无论是在上榜企业的数量上,还是在各国上榜企业的收入占500强企业总收入的比例上,美国和日本都稳居状元和榜眼之位。美国的最高纪录出现在2001年(2002年榜单),这一年美国有197家企业上榜,美国上榜企业的收入占到了500强企业总收入的42%。日本的最高纪录则出现在1995年,也就是《财富》杂志将工业企业和服务企业合并到同一张榜单上的第1年。这一年有149家日本企业和151家美国企业上榜,日本只比美国少了两家。不过,日本上榜企业的收入占500强总收入的比例达到了37%,名列第一;美国的比例为29%,名列第二位。

日本企业在1995年大量上榜,并不是一件让人惊讶的事情。二战结束后到20世纪90年代初之间的这段时期,常被称作"日本的战后经济奇迹"时期。美国在战后通过私人和政府渠道,对日本经济进行了大量投资,这与日本政府的经济政策一道促进了日本的腾飞。不过,随着日本的资产价格泡沫在1991年破裂,日本的经济奇迹也宣告终止了,随之而来的是日本20世纪90年代"失落的十年"。

从1995年起,日本上榜企业的数量开始下滑,这既反映了日本国内的经济低迷,也反映了其他新兴经济体的增长。在今年的榜单上,日本更是只有71家企业上榜,相比最高年份下降了52%。

2009年7月8日,美国《财富》杂志发布了2008年的世界500强企业名单。在全球金融危机背景下,此次榜单看点颇多,美国上榜企业数创14年最低;全球前三名的排名企业也发生变化,沃尔玛让出了去年全球老大的位子,被荷兰皇家壳牌取而代之;中国入榜企业连年增加,共有43家企业榜上有名,中石化首次以第9名的座次成为该榜单中排名最靠前的中国企业。此次榜单按国家划分,美国140家、日本68家、中国43家、法国40家、德国39家、英国26家、瑞士15家、韩国14家、印度7家。荷兰皇家壳牌石油公司在2008年收入为4 583.61亿美元,取代沃尔玛成为全球最大的公司,它也是自1996年以来第一家登上世界500强排行榜首位的非美国公司。

尽管2008年发生了席卷全球的金融危机,《财富》杂志世界500强排行榜的入围门槛却再次提高了11.3%,进入排行榜的公司最低营业收入超过了185.7亿美元,这个数据与十年前的相比,翻了一倍还多,如图1—1所示。中国企业上榜家数呈逐步增加趋势,如图1—2所示。

2010年7月8日,2010年《财富》杂志世界500强企业排名发布。有三家中国企业进入前十名,其中中国石化、国家电网和中国石油分别位列第7、第8和第10位。

入围公司最小营业收入（亿美元）

图 1—1　1998—2008 年世界 500 强企业入榜门槛

中国上榜家数

图 1—2　1998—2008 年中国企业上榜数量

沃尔玛重夺全球第一的宝座，营业收入达到 4 082.14 亿美元，荷兰皇家壳牌 2009 年创造的辉煌如昙花一现，以 2 851.29 亿美元的营业收入位居第二。中国入榜企业数量再次刷新，共有 54 家企业榜上有名，超过了去年 43 家的纪录。

　　此次世界 500 强排名，因受国际金融危机持续扩散蔓延的影响，2009 年世界主要发达经济体的经济均出现了明显的下滑，美国、欧盟、日本的实际 GDP 同比分别下降了 2.4%、4.1%、5.2%。受此影响，500 强中欧美及日本公司的营业收入和利润大幅减少，总体收入下降。面对国际金融危机对世界经济带来的负面影响，中国政府实施促进经济增长的一揽子刺激计划，包括出台 4 万亿元的投资刺激计划、十大产业振兴规划等，实行积极的财政政策和适度宽松的货币政策，使中国经济保持了较快增长，全年 GDP 增长 9.1%。中国一揽子经济刺激计划的成功实施，为国内企业成功应对、走出困境及平稳健康发展创造了有利条件。

世界 500 强的评选标准

美国《财富》杂志对世界 500 强评选的历史相当长。以销售收入为主要标准对美国企业排序已经延续了近 50 年；分行业对世界 500 强企业排序持续了近 15 年；现行的不分行业进行世界 500 强排序始于 1995 年，已经有 10 多年的历史了。1992 年，在《财富》杂志公布的世界 500 家服务企业中，中国银行和中国化工进出口总公司成为第一批进入世界 500 强的中国企业。

世界 500 强的评选标准主要包括五项内容：

第一是销售收入。《财富》杂志排行榜除将利润、资产、股东权益、雇佣人数等作为参考指标外，最通用、最主要的标准就是企业的销售收入。即：如果按销售收入排序，企业的位次如果在 500 名以外，即使是知名公司也不能上榜。以青岛啤酒为例，它很早就已经是一家很有知名度的中国公司，但由于该公司销售收入不足 100 亿美元，所以未能进入世界 500 强排行榜。

第二是企业统计数据必须具有较高的透明度。《财富》杂志要求所有参选企业的数据必须公开，只有外界了解参选公司的资产状况，《财富》杂志才有可能将其纳入参评 500 强候选序列，这也是许多一流企业不能入选世界 500 强的原因之一。

第三是独立的公司治理制度。就其特征而言，独立而健全的公司治理制度是重要指标，这种独立包括既独立于控股的国家，也独立于控股的家族。

第四是统一按美元进行排序。《财富》杂志一直采用当地货币与美元的全年平均汇率，将企业的销售收入统一换算为美元再进行最终排序。这与《福布斯》不同，《福布斯》采用的是统计截止时刻企业所在国货币与美元的汇率进行换算。

第五是必须在规定的时间内申报相关资料。《财富》杂志要求欲参加评选的企业要按照相关要求，事先提出申请，并提供财务报表等有关资料。

对中国企业而言，《财富》杂志主要通过三个渠道获取相关数据和资料。一是从中国政府或行业统计部门获取相关统计数据。二是从中国研究机构发表的资料中提取相关资料，如中国上市公司公布的财务报表等。三是通过在中国香港分部设立的中国公司的数据库核实相关数据。而且，《财富》杂志一般不与被统计的公司联系，特别是对第一次上榜的公司。

按惯例，《财富》杂志世界 500 强的统计、评估和排序工作始于每年 5 月，截止于 6 月的最末一天，公布于 7 月。因此，《财富》杂志要求企业必须在每年 5 月前完成申报。

第二章　经营篇

案例1

沃尔玛的低成本经营模式

案例正文

一、沃尔玛企业概况

沃尔玛百货有限公司（Wal-Mart Stores，Inc.），是一家美国企业，主营商品零售。

沃尔玛公司由美国零售业的传奇人物山姆·沃尔顿先生于 1962 年在美国阿肯色州创立。经过四十多年的发展，沃尔玛公司已经成为美国最大的私人雇主和世界上最大的连锁零售商。2001 年，在《财富》杂志公布的美国 500 家最大公司排名中，沃尔玛以 2 189.12 亿美元的销售收入赫然位居榜首，这也是服务公司首次位居美国 500 家最大公司榜首。此后到 2010 年期间，沃尔玛公司多次位居世界 500 强排行榜首位。目前，沃尔玛在全球 16 个国家开设了 7 800 多家商场，下设 53 个品牌，每周为客户和会员提供服务超过 2 亿次。2010 财政年度销售额达到 4 082.14 亿美元，全球员工总数超过 210 万人。沃尔玛带领行业致力于可持续发展、企业慈善以及提供就业机会，在 2009 年《财富》杂志组织的最受赞赏的公司调查中，沃尔玛在所有零售商中名列首位。

沃尔玛 1996 年进入中国，在深圳开设了第一家沃尔玛购物广场和山姆会员商店。沃尔玛全球采购中心总部于 2002 年在深圳设立。经过 13 年的发展，沃尔玛已经在全国共 89 个城市开设了 146 家商场，包括沃尔玛购物广场、山姆会员商店、沃尔玛社区店三种业态，其中沃尔玛购物广场 138 家、山姆会员商店 3 家、社区店 2 家，同时拥有好又多 35% 的股权和好又多 102 家门店。沃尔玛至今在华创造了超过 70 000 个就业机会。作为一家出色的企业，沃尔玛自进入中国就积极开展社区服务和慈善公益活动，12 年累计向各种慈善公益事业捐献了超过 5 800 万元的物品和资金。沃尔玛十分重视环境保护和可持续发展，并把环保的理念融入到沃尔玛日常工作的每一个环节，同时，沃尔玛也鼓励合作伙伴成为沃尔玛环保 360 计划的一部分，共同致力于中国的环境保护和可持续发展。

与在世界其他地方一样，沃尔玛在中国始终坚持公司的优良传统，即专注于开好每一家店，服务好每一位顾客，始终为顾客提供优质廉价、品种齐全的商品和友善的服务。沃尔玛在中国每开设一家商场，均会为当地引入先进的零售技术及创新的零售观念，在激发竞争的同时，帮助提高当地零售业的经营水平和服务质量，从而促进了当地经济的繁荣。

沃尔玛在中国的经营始终坚持本地采购，提供更多的就业机会，支持当地制造业，促进当地经济的发展。目前，沃尔玛在中国销售的产品中本地产品达到95%以上，与近2万家供应商建立了合作关系。沃尔玛一贯视供应商为合作伙伴，与供应商共同发展。2008年，在由上海商情——供应商满意度测评办公室中心发布的《2008供应商满意度调查报告》中，沃尔玛问鼎多项满意度最高指标，连续五年被供应商选为"综合满意度最高的连锁卖场"。

无论在哪里运营，沃尔玛都致力于成为优秀的企业公民。在中国，沃尔玛赢得了许多奖项，其中最近获得的几个具有代表性的奖项包括：连续五年在由上海商情——供应商满意度测评办公室中心发布的供应商满意度调查报告中名列榜首、由中华英才网评选的"中国大学生最佳雇主"、由《亚洲华尔街日报》评选的"亚洲领先跨国企业"、由中国连锁经营协会颁发的"中国零售业最佳雇主"、由《财富》杂志中文版颁发的"中国最有价值的品牌"、由《南方周末》评选的"世界500强在华十佳投资企业"、由《财富》杂志中文版和华信惠悦评选的"卓越雇主"、由《福布斯》中文版评选的"跨国公司慈善捐赠榜"、由《财富》杂志中文版评选的"最受赞赏公司"、由《光明日报》颁发的"最佳社区奖"。

二、沃尔玛的经营之道——低成本经营

作为一家举世瞩目的成功企业，沃尔玛集多种成功的发展模式于一身，如沃尔玛的人才观、满意服务、全球化策略和天天平价等。在这些模式中，低成本经营模式最受推崇，有经济专家指出，如果没有低成本的成功，它的连锁经营模式就无法施行。其成功之道主要包括以下内容：

（一）女裤理论

1918年，沃尔玛的创始人山姆·沃尔顿出生于美国阿肯色州本顿维尔镇，小时候家境不富裕使他养成了节俭的习惯。1936年，山姆进入密苏里大学攻读经济学学士学位，并担任过大学学生会主席。1940年，山姆毕业时正赶上第二次世界大战爆发，他毅然报名参军，在美国陆军情报部门服役。

第二次世界大战结束后，山姆回到故乡，他向岳父借了2万美元和妻子海伦开了一家小店，学会采购、定价和销售。就在这时，山姆结识了来自纽约的一名厂商销售代理亨利·维尼尔，学到了定价第一课。

当时，山姆说："亨利卖女裤，1条只卖2美元。我们一直从同一地点购进同样的裤子，但1条卖2.5美元。我们发现，如果按亨利的卖价，裤子的销量会猛增。于是我学到了一个看似非常简单的道理：如果我用单价80美分买进东西，以1美元的价格出

售，其销量竟然是以 1.2 美元出售的三倍！单从一件商品上看，我少赚了一半的钱，但我卖出了三倍的商品，总利润实际大多了。"

直到今天，沃尔玛依然实施着这一价格哲学，它就是沃尔玛著名的"女裤理论"。

如今，沃尔玛在全世界多个国家开有连锁店和"山姆俱乐部"商店，组成了一个庞大的"沃尔玛帝国"。沃尔玛商店出售的物品从家用杂货、男女服装、儿童玩具到饮食、家具等无所不包。沃尔玛名下的各种商店，给人一个特别的感觉就是薄利多销，其口号就是"天天平价"，而且真正做到了这一点。沃尔玛的"天天平价"和一般的削价让利有着本质的区别。在沃尔玛，"天天平价"被作为一种长期的营销战略手段，而不是短期促销行为。因此，"天天平价"作为整个企业市场定价策略的核心，是沃尔玛存在的根本，也是沃尔玛发展的依托。

从开办第一家店开始，山姆·沃尔顿就始终坚持这一价格哲学，从不动摇。第一家沃尔玛商店的一位经历者回忆说："山姆先生从不允许我们在价格上弄虚作假。比如一般商店某一件商品的价格是 1.98 美元，但实际上进价只花了 50 美分。最初，我可能会说：'我们何不以 1.25 美元出售呢？'而他会说：'不对，我们只付了 50 美分，那么我们只需在此基础上增加 30% 出售就可以了。努力工作，为顾客挖掘更多利益并将它转让给顾客。感谢山姆·沃尔顿先生为我们留下的这些宝贵财富。"

（二）低价格营销——沃尔玛营销的思想精髓

在世界上每一个国家的沃尔玛商场里，都可以看见醒目的"天天平价"、"我们售价更低"、"保证满意"等标语，它们昭示着沃尔玛低价营销的经营理念。

山姆·沃尔顿开办第一家沃尔玛折扣店时，就明确提出了独具一格的经营理念："以低廉的价格、热情的服务吸引小城镇的美国人。"

随着沃尔玛的不断壮大，其经营理念和营销策略得到进一步完善。现在的沃尔玛不仅从目标市场的选择、促销手段的运用、销售商品的定位、店内设施和店址的确定等方面都围绕着低价策略展开，而且还以先进的经营理念、完善的运作体系、现代化的信息管理技术，保证着低价格营销的顺利实现。

与同地区同类商店相比，沃尔玛出售商品的价格低于一般超市 20%～40%。沃尔玛主要是中低档商品消费者的目标市场，其商品组合秘诀是选择一些对消费者有一定影响力的大众化商品，通过规模化采购实现低进价，再以市场上明显的低价进行销售，从而产生较大的轰动效应，并带动其他商品的销售。这一策略又被称为重点商品低价促销策略，这种策略使其商品在消费者心目中形成价格非常低廉的印象。与此同时，为了实现商品的低成本，在日常经营管理中，沃尔玛也非常注意在各个环节节约费用开支，以低费用支持低毛利。

（三）追求低成本的基本手段

归纳起来，沃尔玛的低成本主要依靠下列一些基本手段来实现。

1. 以先进的科技手段实施管理

沃尔玛为了领先于竞争对手，先行对零售信息系统进行了非常积极的投资：最早（1969 年）使用计算机跟踪存货；最早（1980 年）使用条形码；1984 年，沃尔玛投入

4 亿美元巨资,与美国休斯敦公司合作发射了一颗商业卫星,在此基础上又投入 6 亿美元建立了目前的计算机及卫星交互式通讯系统,这样使其拥有全美最大的私人卫星通信系统和最大的私人运输车队;所有分店的电脑和总部相连,一般分店发出订单 24 ~ 48 小时左右就可以收到配送中心送来的商品。如此快捷的信息反馈和高效的存货管理,使得存货量大大降低,资金周转速度加快,从而降低成本。现在,沃尔玛正在和麻省理工学院合作开发"便宜的芯片",以实现替代条形码的无线射频识别技术。这种芯片会自动告诉系统自己的当前位置——是在货架还是仓库,而不需人工介入。

2. 把好管理费用控制关

对于行政开支的控制,沃尔玛几乎做到了极致,比如规定采购费用不得超过采购金额的 1%;整个公司的管理费用不得超过整个公司销售额的 2%,而行业平均水平为 5% 左右。此外,其在人力成本方面的控制也非常严格。

3. 控制广告支出

沃尔玛非常注重实效性,认为保持"天天平价"就是最好的广告,尽量节约广告费用,用于降低商品价格,把广告费以价格折扣的方式转移给消费者,使消费者得到真正的实惠,因而更能赢得消费者的信任。在零售业同行中,沃尔玛的广告费用是最低的,但销售额却是最大的。

4. 与供应商合作共生

沃尔玛采购量非常大,一般从工厂直接进货,并同供应商保持长期合作的关系。通过电脑联网实现信息共享,供应商可以第一时间了解沃尔玛的销售和存货情况,及时安排生产和运输。由于效率的提高,供应商成本降低,沃尔玛也就能提供更便宜的商品让利给顾客。这种合作模式下,实现了供应商、沃尔玛和顾客三方面的"三赢"局面。

5. 采取仓储式经营,降低非实效开支

沃尔玛的商品包装都比较简单,多采用大包装;同时,店址绝不会选在租金昂贵的商业繁华地带,而大多设在租金低而交通集中的地区或公路旁,以此降低其固定成本。装修、包装、房租等相对于消费者来说,都是非实效支出,节约这些支出,就可以尽可能为消费者提供有效支出。

表 2—1 是沃尔玛成本控制水平与同行业的对比,从表中可以看出其低成本管理模式的成功意义。

表 2—1　　　　　　　　　　沃尔玛成本控制水平与同行业的对比

项目	沃尔玛	行业平均水平
由分销中心供货的比例	85%	50% ~ 60%
商品耗损率	1.2%	3% ~ 5%
进货费用占商品总成本的比例	3%	4.5% ~ 5%
管理费用占总销售额的比例	2%	5%
补货时间(商品开出订单到得到补货的平均时间间隔)	2 天	5 天

（四）物流管理——低成本的重要环节

能够做到天天低价，在于沃尔玛比竞争对手成本低，商品周转快。该公司在具体做法上是绕开中间商，直接从工厂进货。灵活高效的物流配送系统，则是沃尔玛达到最大销售量和低成本的存货周转的核心。

如今，沃尔玛配送中心分别服务于美国18个州约2 500个商场，配送中心约占地10万平方米，整个公司销售商品的85%由这些配送中心供应。相比之下，其竞争对手却只有5%~65%的商品进行集中配送。沃尔玛完整的物流系统不仅包括配送中心，还有更为复杂的资料输入采购系统、自动补货系统等。

沃尔玛使用商业卫星后，实现了全球联网，全球4 000多家门店通过全球网络可在1小时之内对每种商品的库存、上架、销售量全部盘点一遍，并通知货车司机最新的路况信息，调整车辆送货的最佳线路。

无纸贸易系统的成功利用，也是其降低物流成本的关键。1985年，沃尔玛开始利用电子交换系统与供应商建立了自动订货系统，该系统又称为无纸贸易。通过该网络系统，沃尔玛向供应商提供商业文件、发出采购指令、获取收据和装运清单等，同时也让供应商及时准确地把握其产品的销售情况。

此外，沃尔玛还利用更先进的快速反应系统代替采购指令，真正实现了自动订货。该系统利用条形码扫描和卫星通信技术，与供应商每日交换商品销售、运输和订货信息。

凭借先进的电子信息手段，沃尔玛做到了商店的销售与配送保持同步，配送中心与供应商运转一致，提高了工作效率，降低了成本，使得沃尔玛超市所售商品在价格上占有绝对优势，成为消费者的重要选择对象。

（五）开发自有品牌

到过沃尔玛山姆会员店的人，都会对沃尔玛的山姆国货精选、鲍比·布鲁克斯服装、奥罗伊狗食、特选小猫食、常用机械五金工具、野外运动猎装、沃尔玛家用油漆、沃尔玛纸张用品等这些集沃尔玛品牌平价与优质于一身的自有品牌商品记忆犹新。

沃尔玛在开发自有品牌中所做的一切都是基于顾客的需求，并着重在以下几方面体现品牌的价值：可信度、一贯性、低价格（低于国内品牌至少10%）、质量优（高于或等于国内品牌）、独特性等。这些自有品牌一经面世，便成为沃尔玛顾客的钟爱商品，而且这些商品只有在沃尔玛门店才能买到。

以山姆国货精选为例，各沃尔玛连锁店供应的"山姆国货精选"品种丰富，包括曲奇饼干、咖啡、糖果、薄脆饼干、软饮料、果汁、快餐小吃、通心粉、烹饪油、家用设备、园艺设备、宠物食品、沙拉酱等。而最新自有品牌之一的常用机械五金工具，不但每件"常用机械"都享有终身服务的保证，而且这些工具仅以相当于其他著名品牌商品一半的价格出售，这样的商品自然深受顾客喜爱。

如今，沃尔玛的自有品牌已经成为它强有力的竞争武器，提到沃尔玛，顾客就会很快联想到其价廉物美的自有品牌，沃尔玛的自有品牌商品几乎成了沃尔玛企业的新标志。

分析启示及思考

一、分析启示

为了降低经营成本，沃尔玛采取了一系列有效措施。这些措施值得中国企业借鉴和学习。归纳起来，主要包括三个方面：

1. 树立开源节流的观念，厉行节俭

简朴的生活、工作，有益于员工的品德修养。而经营中各种费用的降低，保持了企业的低成本，使之能让利于消费者。

2. 利用信息技术，提高运营效率

信息技术为企业提高经营管理的效率和水平提供了方便快捷的手段。应用现代信息技术，对于降低库存、控制成本、加快资金周转和提高企业对市场变化的反应速度，具有明显的促进作用，沃尔玛是率先成功使用现代信息技术的企业。

3. 加强管理，查处盗窃，减少损耗

在零售商业中，把存货数量小于商品购入数量与销出数量的差额称为损耗。它是指被盗窃、损坏或丢失的商品数额，是零售业盈利的大敌之一。在这方面，沃尔玛的控制工作做得非常成功，这项工作成为了防止经营成本上升的有效措施。在实施过程中，从"跑"、"冒"、"滴"、"漏"抓起，严格要求每一个员工，防微杜渐，减少损耗，增强公司的竞争力。

如今，中国零售企业面临着国内和国际的竞争，控制成本是关键的竞争手段。成本过高，所出售商品的价格就无法降低。所以，高成本带来的高价格，最终会使商店失去顾客。沃尔玛严格地控制各项开支来降低成本，保持商品的低价位。在沃尔玛的商店里，商品价格一般要比其他店便宜5%左右，从而能够吸引顾客，增强竞争力，这是我国企业必须学习的。

二、问题与思考

1. 通过沃尔玛经营成功的案例，分析总结低成本管理模式及其优缺点。
2. 通过沃尔玛经营成功的案例，分析总结低成本管理模式的基本条件。
3. 企业实现低成本的关键环节有哪些？
4. 沃尔玛企业的成功经验，给我国零售企业带来了哪些启示？

创业故事

沃尔玛在小城镇市场铸就的辉煌

提到沃尔玛，几乎无人不知、无人不晓。也许谁都不会相信，这样一个大名鼎鼎的百货公司，竟会是从小城镇市场走进大城市的。

山姆·沃尔顿在创业之初，零售业市场就已经有几家颇具规模的大公司，这些企业都十分看重大城镇，它们无一例外都设在大城市里。山姆·沃尔顿经过深入的市场调研和多次的考察，认为自己的零售商店如果也开在大城镇里，其实力肯定不是那些有名气和实力大公司的对手，必须另辟蹊径。山姆·沃尔顿最终选择了小城镇，他认为在美国的小城镇里同样存在着许多商机，事实证明，他的选择是正确的。正是因为把握住了这一商机，才使他宏伟的发展计划得以实现。他的计划是：先占领小城镇，然后再向大城镇渗透。按照这个计划，先以几个小城镇作为根据地，然后再往县城发展，在县城站稳脚跟后再向州里发展，直到全州的市场饱和，再向另一个地区发展，最后扩展到全国。

沃尔玛商店利用小城镇被大型零售商店忽视的有利条件，不仅避开了激烈的市场竞争，而且为自己积累了雄厚的实力，为进军大城市打下了坚实的基础。

沃尔玛零售商店成功的另一个原因，是其处处为顾客着想，力求为顾客节省每一分钱。它将"低价销售、保证满意"写在宣传牌上，坚持所有商品都要比其他商店便宜，宁愿少赚一点利润，也要让利给消费者。正是在这种营销理念的指导下，沃尔玛零售商店开到哪里，哪里就顾客盈门，生意兴隆。

经过20多年的努力，沃尔玛在美国的连锁店扩展到1 000多家，沃尔顿家族也成了美国最富有的家族，从1985年起，连续4年荣居《福布斯》公布的"美国最富的400人"排名榜榜首。前美国总统还将自由奖章颁给了他，以表彰他与众不同的创业精神。2001年，沃尔玛计划将连锁店的总数定位在3 000～3 500家，并准备开拓国外市场。

沃尔玛零售商店的独特创业之路，对于国内的一些零售、连锁店无疑是一个很好的启发和借鉴。

（资料来源　武文胜：《MBA经营奥秘精华读本》，北京，中国社会科学出版社，2004）

创新先锋——索尼公司的经营之道

案例正文

一、索尼公司概况

索尼（Sony），日本企业，主营电子电气设备。

1946 年 5 月，索尼公司的创始人井深大和盛田昭夫共同创建了"东京通信工业株式会社"，1958 年更名为索尼株式会社，总部设在日本东京。

索尼公司是世界上民用专业视听产品、游戏产品、通讯产品和信息技术等领域的先导之一。它在音乐、影视、计算机娱乐以及在线业务方面的成就也使其成为全球领先的个人宽带娱乐公司，全球雇员总数多达 15 万人。

在公司发展的 60 年时间里，作为一家具有高度责任感的企业，索尼一直致力于为世界各地的人们带来优秀的产品、服务以及全新的生活方式。公司最根本的经营理念是通过索尼的创新技术和优秀产品帮助人们实现享受更高品质的娱乐生活的梦想。目前，索尼公司在全球 120 多个国家及地区建立了公司和工厂；集团 70% 的销售来自于日本以外的市场；全球超过 70% 的员工是非日本籍员工；数以亿计的索尼用户遍布于世界各地。

索尼公司是战后日本经济高速增长和走向国际化的象征。1946 年，第二次世界大战刚结束的时候，索尼公司的资金只有 19 万日元。经过 30 年的发展，索尼公司年销售额超过了 6 000 亿元，成为日本的代表性企业，被称之为"索尼的神话"。目前，包括出口和海外生产在内，约 70% 是面向海外市场的。可以说，索尼公司是日本企业中推进国际化方面走在最前列的一家企业。

在开展国际化的同时，索尼公司在日本国内建立了许多合办的企业和分公司，形成了一个称之为"卡特尔式"的企业大军。它的事业范围是极其广泛的，索尼总公司不仅包括电子工业领域，而且还发展到化妆品以及生命保险等许多领域。索尼公司多次入选《财富》杂志世界 500 强企业，2010 年索尼公司位于 500 强排行榜第 69 位。

二、索尼的经营之道——创新经营模式

（一）跨国经营，所向披靡

索尼公司是一家最具国际化色彩的日本公司。与松下等日本企业的成长道路有所不

同，索尼是先在国外开拓市场获得成功，再回到日本市场的。所以，索尼的国际化战略显得非常突出：它是大企业中最早（1958年）将名字西化的企业；是日本第一家（1961年）在美国发行美国预托证券（ADR）的企业；是日本在美国率先（20世纪60~70年代）设立商品进出口公司的企业；是第一家录用外国人担任公司高层领导人的日本企业；是20世纪90年代日本为数不多的具有明确全球化发展战略的大型跨国公司之一。20世纪90年代以来，索尼以"全球化和当地化同步发展（Global Localization）"为全球化经营的基本出发点，在日本、美洲、欧洲以及包括中国在内的亚太地区广泛地开展销售、制造、开发、运输以及为用户提供服务的业务，形成了由日本、美国、欧洲和亚太构成的"四极体制"。如今，在"四极"的基础上，索尼公司又开辟了新的市场。已故的盛田昭夫先生希望将索尼的技术和管理哲学全球化，并使其成为当地社区日常行为的组成部分，公司形成了富有活力的高度全球化经营体制（3/4的生产和员工均在日本以外的国家）。

这种积极的国际化战略不仅使索尼在全世界的业务广泛拓展，并越来越表现出它的生机与活力，对于提升日本电子工业的国际地位作出了巨大贡献。20世纪90年代，当大多数日本大型跨国公司因国内经济的长期衰退而举步维艰时，索尼公司仍然保持了较好的增长势头。1997年对亚洲经济来说是令人痛苦不堪的年份，前所未有的金融危机沉重地打击了这个曾经创造过奇迹的地方，但是索尼公司当年却创造了500亿美元的销售额和12亿美元的利润；在许多公司股票纷纷下跌的情况下，索尼公司的股票却上扬了44%。1998年，索尼公司在《商业周刊》评出的"全球1000家最有价值企业"中名列第103位。2000年，索尼公司在电子业务方面，以当地货币为核算基础的全部四个业务区域（日本、美国、欧洲和其他地区）都实现了两位数的增长。

（二）把握先机，革新战略

发展战略决定着企业的前途，只有准确地预见未来，把握发展趋势，果敢决策，才能成为时代骄子。

为迎接即将到来的宽带网络时代带来的挑战和机遇，索尼公司自1999年3月以来着手进行了一系列公司架构改革，制定并开始实施面向21世纪信息社会的新战略，其主要内容是进行电子业务的重组和强化。索尼公司的战略调整重点是将索尼公司从一个以生产家用电器和音像设备硬件为主的企业转化为一家集硬件系统、软件系统、客户服务为一体的，基于互联网为大众提供娱乐服务的综合娱乐企业。

为了实现既定战略目标，索尼采取了以下基本措施：

1. 扩展电子设备的网络连接性

在其生产的所有电器设备上增设网络接口和相应软件；开发适应在线网络条件下具备互动交流功能的硬件产品，将重点放在移动设备和家庭网络产品开发上。

2. 在强化硬件技术开发的同时，大力增加"内容"的生产

内容生产如游戏软件、新的音乐、新的影像节目等。索尼提出：产品的软件和硬件是一辆车的两个轮，缺一不可。

3. 按新的战略目标重组网络公司和制造工厂

索尼将原来按产品类型划分的 5 家网络分公司重组为 7 家以"解决方案"为特点的分公司，把全球的 70 家工厂调整重组为 55 家。

4. 构建网络平台

为充分利用迅速发展的数字网络，近年来索尼公司建立了一批网络公司和网站。通过这些网络公司和网站，消费者可以购买或下载各种软件、音乐、游戏、影视节目等。为了解决上述活动购买的费用支付问题，索尼在 2001 年上半年（出资 80%）与樱花银行和 JP 摩根银行合办了一个网络银行。索尼生命保险公司已经开始通过互联网进行直接销售。

索尼的新战略所要达到的效果就是要让世界各地的顾客可以在足不出户的情况下，使用索尼的电视、电脑、音响或游戏机，通过索尼的卫星广播电视或各种网站，接收、下载感兴趣的音乐、游戏、影像节目等，相关的费用支付只要点击索尼的网络银行就可完成。这项新战略的实现，似乎只是一个时间问题了。

可以认为，索尼公司在 20 世纪 50 年代至 80 年代期间努力建立起的以"微型化技术"为代表的核心能力的基础上，目前已经形成了新的核心能力，这就是微型化技术、娱乐内容、网络服务的集成系统。

（三）变革管理，迎接挑战

为了创造网络时代理想的管理模式，索尼将进一步进行"统一分散型"管理。1993 年底，索尼开始打破事业总部制，改为分公司制，赋予分公司经理更大的权力、更充裕的资金，当然还有更大的责任。

1. 重组领导层，建立职能、责任明确的经营管理体制

作为经营体制改革的第一步，索尼于 1997 年对董事会进行了改组（董事会成员由过去的 37 人减少到 10 人，引进 3 名公司外董事），并且引进了公司执行官制度。为了进一步配合公司新的经营方针，2000 年 6 月，索尼公司正式确立了新的最高管理层。这次是索尼进行经营体制改革的第二步，目的在于将发挥监督作用的"董事会主席"与发挥管理作用的"首席执行官"分离出来，进一步明确彼此的作用和责任。为了明晰索尼重新组合的角色，索尼将总部定义为 E 总部，或者简称为"EHQ"。在 EHQ 中，有 E 管理委员会，或者简称为"EMC"，它的任务就是确定网络业务战略和 E-Sony 的发展方向。

在新的管理体制下，索尼集团将以集团最高责任者——首席执行官为中心，CEO（首席执行官）、COO（首席运营官）和 CFO（首席财务官）组成管理核心，开展集团经营活动。这样做的目的是通过分离首席执行官与董事会主席的职务，以最接近股东的立场来加强董事会的监督职能。

2. 大胆进行人事制度改革

在激烈的国际竞争中，能否获得并留住各国优秀人才，已上升为跨国公司维持优势的战略要素之一。索尼公司认为，过去作为日本企业优点的"终身雇佣制"和"年功序列制"已经不适应新的国际竞争形势，必须改变。为尽快培养选拔包括未来的社长

候补在内的干部,索尼进行了大刀阔斧的人事制度改革。公司将从全球约 15 万名的集团职员中以 30 岁左右及 40 多岁的职员为中心选拔约 500 名作为下一代干部候选人,并由经营首脑亲自决定工作调动及培训方案。

总之,索尼公司正在为迎接"宽带网络"带来的新的商业机遇而积极努力,以创造"电子梦想(E-Dream)"为目标,努力成为宽带网络时代全球第一的综合娱乐公司。

(四)满意员工,满意客户

成功的文化造就满意的员工,满意的员工带来满意的客户。

如果领导者能建立一套系统或程序,使员工能发挥最大潜力,做好工作,员工势必感到满意,进而增加产能,流动率亦会降低。增加员工满意度的主要措施之一,便是内部人员的相互合作。服务人员若无法得到内部同事的支持,将无法完全发挥服务顾客的能力,进而影响服务质量。相信每个人都当过顾客,并与一些显然不满其工作的服务人员接触过,应能深刻体会其可能造成的负面影响。服务人员是直接提供服务价值给客户的人,其表现决定顾客对公司看法的好坏。如果你雇用的人表现出服务顾客的热诚,并让其知道公司亦有相同的信念,那么顾客的满意度也将大大提高。满意的客户发展为忠实客户。顾客的满意度与忠实客户的多寡有绝对的关系,顾客满意度越高,忠实客户就越多。施乐公司(Xerox)发表的一项研究指出,在问卷上回答"非常满意"的客户,在未来 18 个月会再次购买的可能性比回答"满意"的客户要高出 6 倍。

可见,满意的员工带来满意的客户,铸就了一个企业的成功。

(五)卓越服务,黄金法则

卓越的大客户服务并没有什么秘诀,但超出客户的期望,把普通的细节做到优秀和卓越,并持续保持,这就是高品质的、卓越的客户服务,即通常说到的十二条黄金法则。

法则一:一定要相信,世上无事不可为。让客户感受到你的笑容、你的热情、让自己首先达到情绪上的巅峰状态,才能真正完成有效的销售;永不言败,永不放弃;一定能想出解决问题的方法;具有极大的勇气,克服恐惧,坚信自己能够做到。

法则二:一定要热爱你的职业和客户。热爱产品,热爱客户,热爱自己。

法则三:设定明确的目标。

法则四:投入热情,永不懈怠。把所有的发动机全部启动;120% 地付出;自己从来没有完全满意过;永远追求最好。

法则五:微笑、倾听、有信心。微笑能为你增加你脸上的价值;倾听产生信任;信心能感染自己和客户。

法则六:一定要有归零的心态,谦虚的态度和作风,坦荡的胸怀。

法则七:你拥有什么样的知识结构,决定你拥有什么样的人脉。

法则八:成为责任者。永远给客户一个明确的好结果,一个坚定的承诺;随时随地思考;对待问题时保持乐观,想尽办法给客户满意的结果,并超出他的期望;及时简单地沟通,让客户感受到对整个工作的掌握,对你充满信心。

法则九:让客户随时随地都能找到你。

法则十：建立完整的客户信息系统。

法则十一：客户是被你要求出来的。想清楚你到底需要什么样的结果，然后以这一结果为努力的方向。

法则十二：每一份私下的努力，都会有倍增的回报，在公众面前都会受到褒奖。

（六）客户价值，开发与创造

客户价值主要来自以下四种途径中的一种或几种：提高产品质量、提高服务水平、降低成本和缩短周期。

由于成本最优一直被视为利润最大化的主要途径之一，我们总是希望能找到一种最为经济的客户关系加入方案，使得企业能以最低的成本将客户潜在的长期价值转化为现实的净利润。对于企业来说，在判断客户具有开发价值之后，如何对其进行最优的认知投入和维系投入，是一个十分重要的决策问题。

在服务客户的过程中，要从发现的问题上来挖掘客户的新需求。

（1）怎样为客户创造更多的价值？

（2）要具有为企业的发展造血的功能，也就是要为企业创造大利润。

（3）大客户管理的价值开发是企业利润的源泉。创新顾客价值不仅不会增加你的成本，反而会增加你的获利途径。

分析启示及思考

一、分析启示

索尼公司是战后日本经济高速增长和走向国际化的象征。索尼的经营管理之道最突出的是创新经营管理模式。其主要成就包括：

1. 在跨国经营方面成就突出

在日本企业中，索尼公司是推进国际化方面走在最前列的一家企业。与松下等日本企业的成长道路不同，索尼是先在国外开拓市场获得成功，再回到日本市场的。所以，索尼的国际化战略显得非常突出。

2. 不断革新、迎接挑战

为了在网络时代创造索尼集团理想的管理模式，索尼进行"统一分散型"管理。1993 年底，索尼开始打破事业总部制，改为分公司制，赋予分公司经理更大的权力，更充裕的资金，当然还有更大的责任。1999 年开始，索尼着手进行了一系列公司架构改革，制定并开始实施面向 21 世纪信息社会的新战略。

3. 先进的经营管理理念

提出满意员工，满意客户。认为成功的文化造就满意的员工，满意的员工带来满意的客户；提出十二条黄金经营法则；提出客户价值主要来自提高产品质量、提高服务水平、降低成本和缩短周期四种途径。这一系列科学的管理方式和经营理念值得我国企业学习、借鉴。

二、问题与思考

1. 如何理解创新是企业的灵魂？
2. 卓越服务的黄金法则对你有何启发？
3. 如何理解"满意的员工带来满意的客户"这一经营理念？

经营秘诀

索尼公司的"随身听"

广告宣传的巨大作用，企业界人士都十分清楚，但是对选择什么样的手段去开展适合于自己产品的广告攻势，人们却不一定了如指掌。

20 世纪 70 年代末，日本索尼公司生产出一种能随身携带的"随身听"录放机。为了打开销路，索尼组织了一场别开生面的广告攻势，让所有的青年员工，每天上班途中携带"随身听"，在电车上故意放大音量，作陶醉欣赏状；雇用学生在"银座"等不准车辆通行的步行区，身带"随身听"招摇过市；让许多人带着"随身听"穿着旱冰鞋，沿街滑来滑去；免费把"随身听"送给著名歌星和来日本演出的外国音乐团体。由于广告攻势深入人心，索尼公司声誉大增。

（资料来源　武文胜：《MBA 经营奥秘精华读本》，北京，中国社会科学出版社，2004）

案例 3

虚拟经营的典范——耐克

案例正文

一、耐克公司概况

耐克公司（NIKE），美国企业，主营服装。

NIKE 英文原意指希腊胜利女神。NIKE 是全球著名的体育用品品牌，公司总部位于美国俄勒冈州比佛顿。该公司生产的体育用品包罗万象：服装、鞋类、运动器材等等。耐克公司多次进入世界 500 强行列，2010 年耐克公司位于世界 500 强排行榜的第 453 位。

公司创始人比尔·鲍尔曼自 1947 年从俄勒冈大学毕业后一直留校担任田径教练。鲍尔曼幼年时家境贫寒，坎坷的经历培养了他钢铁一般的意志。公司董事长兼首席执行官奈特作为创始人之一，对耐克的发展同样功不可没。1959 年，奈特从俄勒冈大学毕业，获得工商管理学士学位，一年后，他又进入著名的斯坦福大学攻读工商管理硕士学位，严格的管理教育使他具备了成为一名优秀的管理者的素质。在以后的岁月里，两人携手并肩，同舟共济，带领公司不断发展壮大。

奈特原是一位平庸的长跑运动员。1960 年，奈特前往日本的奥尼楚卡公司申请在美国销售泰格尔跑鞋的资格。回美国时，他把该公司制作的运动鞋的样品带给了鲍尔曼。第一年，他们销售了价值 8 000 美元的进口鞋。1964 年，奈特和鲍尔曼合伙，每人拿出 500 美元，组成布卢里帮制鞋公司，为泰格尔跑鞋生产鞋底。1972 年，他们将公司更名为耐克公司，从此开始缔造属于自己的传奇。同年，奈特和鲍尔曼终于自己发明出一种鞋并决定自己制造。他们把制作任务承包给劳动力廉价的亚洲工厂，给这种鞋取名叫耐克——这是依照希腊胜利之神的名字而取的。同时，他们还发明出一种独特的标志 "SWOOSH"（意为 "嗖" 的一声），每件耐克公司制品上都有这种标记。在 1972 年俄勒冈州尤金市运动会预选赛期间，耐克鞋在竞赛中首次亮相。被说服穿用这种新鞋的马拉松运动员获得第 4~7 名，而穿阿迪达斯鞋的运动员则在预选赛中获前三名。推动耐克公司在美国市场上跨入最前列的真正动力还不是产品的革新，而是仿造——耐克以阿迪达斯制品为模型进行仿造，结果，仿造者战胜了发明者。

耐克一直将激励全世界的每位运动员并为其献上最好的产品视为光荣使命。耐克的语言就是运动的语言。耐克深知：只有运用先进的技术才能生产出最好的产品。一直以来，耐克公司投入了大量的人力、物力用于新产品的开发和研制。耐克首创的气垫技术给体育界带来了一场革命，运用这项技术制造出的运动鞋可以很好地保护运动员的脚踝，防止其在做剧烈运动时扭伤。采用气垫技术的运动鞋一经推出就大受欢迎，普通消费者和专业运动员都对它爱不释手。2001 年，耐克在研制出气垫技术后又推出了一种名为"Shocks"的新型防震技术，采用这种技术生产出来的运动鞋深受欢迎，销量节节攀升。除运动鞋外，耐克公司的服装也不乏创新之作，耐克制造的其他体育用品同样都是高科技的结晶。

如今，耐克公司的生产经营活动遍布全球，其员工总数达 22 000 人。与公司合作的供应商、托运商、零售商以及其他服务人员接近 100 万人。

二、耐克公司经营之道——虚拟化经营

（一）生产与销售模式

代工生产或贴牌生产简称"OEM"，这种经营模式在国际上已运作多年并行之有效。很多公司为了加大在创新能力方面的配置，尽可能地减少在固定资产方面的投入，不直接进行生产，而让别的企业代为完成产品的生产任务。这样，只需支付材料成本费和加工费，而不必承担设备折旧和自建工厂的负担，可随时根据市场变化灵活地按需下单。因此，通过代工生产，可以培养和壮大企业内在的扩张力，提高经营能力和管理水平，从而为更高层次的资本运营创造条件和积累经验。

耐克在生产上采取了一种虚拟化策略，将所有产品的制造都外包给其他的生产厂家加工；将公司的所有人力、物力、财力等资源集中起来，集中投入到产品设计和市场营销中去，培植公司的产品设计和市场营销能力。

虚拟企业的优点是"用最大的组织来实现最大的权能"。在为实现某一市场战略而组成的虚拟企业中，每个成员只充当其中某部分结构功能，通过信息网络，支持着虚拟企业依据空间分布的生产工作。这样的企业结构和传统的组织结构相比，有较大的结构成本优势，大大提高了企业的竞争力。

实施虚拟化生产，耐克公司将设计图纸交给生产厂家，让他们严格按图纸式样进行生产，然后由耐克贴牌后将产品通过公司的销售网络将产品销售出去。这种模式充分实现了优势互补。耐克公司的这一战略，节约了大量的生产投资以及设备购置费用，将产品的生产加工外包给东南亚等地的许多发展中国家的企业，利用当地廉价的劳动力，极大地节约了人工费用，这也是耐克运动鞋之所以能以较低的价格与其他名牌产品竞争的一个重要原因。

耐克充分利用了 20 世纪 70 年代面临的极为有利的初始需求这种有利条件，但其成功远非仅仅由于简单地依赖这种初始需求。耐克击败了所有对手，包括曾占统治地位的阿迪达斯公司。通过充分发挥潜力，耐克生产出比阿迪达斯种类更多的产品，开创了鞋型千姿百态的先河。通过提供风格各异、价格不同和多种用途的产品，耐克吸引了大量消费者，并让消费者感到耐克提供的品种最全、质量最好。在一个飞速发展的行业里，耐克以其种类繁多的产品开拓了最广阔的市场，它把鞋卖给零售商，如百货商店、鞋店

以及特种跑鞋店。

（二）经营与研发

耐克精心研究开发出的新式鞋底在制鞋业中处于领先地位。在20世纪70年代末，耐克的研究人员已将近100名，公司已生产140多种不同式样的产品，这些式样是根据不同脚型、体重、跑速、训练计划、性别和不同技术水平而设计的。市场对耐克公司产品的需求十分巨大，以至于它的8 000个商店中的60%都必须提前订货，甚至常常要等半年之久才能到货。1976年耐克销售额为1 400万美元，仅半年后便上升到6.4亿美元，市场占有率排名第一。两年后，耐克市场份额已近50%，而阿迪达斯的市场份额却大大减少。

在经营策略上，耐克没有多少标新立异，在很多方面沿袭了阿迪达斯几十年前树立起来的制鞋业公认的成功市场策略。比如集中力量试验和开发更好的跑鞋，利用著名运动员和重大体育比赛展示产品的使用情况等。耐克的仿效并不是制造同别人完全相同的产品，而是仿效别人成功的决策和标准，并建立起了善于抓住各种机会的部门机构。耐克可谓是模仿与虚拟经营的典范。

分析启示及思考

一、分析启示

NIKE是全球著名的体育用品品牌。然而，推动耐克公司在美国市场上跨入最前列的真正动力还不是产品的革新，而是仿造——以阿迪达斯制品为模型进行仿造。结果，仿造者战胜了发明者。

耐克经营成功的另一个法宝，就是虚拟经营。所谓虚拟经营，就是耐克的所有产品都不由自己生产制造，而是全部外包给其他的生产厂家加工。耐克将设计图纸交给生产厂家，让他们严格按图纸式样进行生产，然后由耐克贴牌，并将产品通过公司的行销网络将产品销售出去，即"贴牌生产"。这种模式充分实现了优势互补的作用。耐克公司的这一战略，节约了大量的生产投资以及设备购置费用，也极大地节约了人工费用，从而能够将公司的所有人力、物力、财力等资源集中起来投入到产品设计和市场营销中去。这也是耐克运动鞋之所以能以较低的价格与其他名牌产品竞争的一个重要原因。

耐克可谓是模仿与虚拟经营的典范，模仿与虚拟经营也成为它成功的法宝。我国的许多企业曾经就是他们"贴牌生产"的下线。显然，中国企业要发展、要崛起，不能永远被"贴牌"，也要发展自己的民族品牌、创世界品牌。为此，需要学习耐克的成功经验，早日变"中国制造"为"中国创造"。

二、问题与思考

1. 耐克公司的经营模式对我国生产企业有哪些启示？
2. 耐克品牌模式对我国体育用品品牌经营有何借鉴？

【小思考】

电影《聚宝盆》中大明首富沈万山有段话：生意的"意"字，是要伙计们"每天"、"站着"、"用心"对待顾客。这句话对吗，你怎么看？

答：是的，无论是经营活动，还是管理活动，了解人的心理，"用心"对待人，才能获得成功。

（资料来源　朱吉玉：《消费心理学》，大连，大连出版社，2010）

经营秘诀

成功经商六大法则

做生意先做脸面，形象投资很重要；

场面越大越有"钱途"；

对手也可以是朋友；

切莫按常规思维做事；

此路不通，另寻出路；

"歪点子"即好点子。

（资料来源　胡卫红：《世界500强创始人的16个商业信条》，北京，企业管理出版社，2004）

案例 4

"今天你雅虎了吗?" ——YAHOO! 公司

一、雅虎(YAHOO!)公司概况

"Yahoo"原本是"农夫"、"粗汉"之意,不过, "YAHOO!"公司的中文名称"雅虎"却很可爱,就像"小虎队"中的"乖乖虎"。在互联网上首批崛起的公司中,YAHOO! 是一家白手起家的公司,是 20 世纪 90 年代的"创业传奇",再现了 20 多年前苹果公司乔布斯创业的精彩一幕。不过,YAHOO! 幸运得多,不到一年,便筹集到 9 亿多美元的发展资金。

要进入一个国家,需要通过它的国门;要进入一座大楼,需要经过它的大门。同样的,要进入因特网世界,也需要经由它的网络门户。在众多网络门户中,最著名的当属雅虎。它被视为网络时代成功的楷模,成为许多创业者崇拜的偶像。

雅虎是由中国台湾人杨致远(Jerry Yang)创立的,1993 年他和费罗(Filo)一起成为斯坦福大学工学院的研究生。他们喜欢在万维网上冲浪,并把他们所喜爱的站点编成一个名单以便寻找。最终,他们决定将这一名单在网上公布,供网友使用,并将这一名单叫做"Jerry's Guide to the World Wide Web(通往万维网的杨致远指南)"。没有料到这一行动大受欢迎,产生了轰动效果。于是,他们在 1995 年便放弃了毕业论文的写作,而专门从事创建网络门户的工作,并给主要站点的名单起了新名字"Yet Another Hierarchical Officious Oracle(另一层次式的正式指南)",它的缩写词"YAHOO"便成为这一网络门户的名字。

YAHOO! 没有微软庞大的财力,也没有索尼那样成熟的经验和技术资本。YAHOO! 两位创造人几乎是从零开始的,当时他们还只是两名穷学生。

YAHOO! 的成功在全美以至中国台湾刮起了一股创业旋风,大学生们不再追求进入待遇优厚的公司或者攻读什么 MBA,他们二三个自成一伙,杀入互联网络,像当年开拓西部荒野的牛仔一样义无反顾。他们中有很多是华人青年,像当时全球最热门的中文网站"华渊",便是几位中国台湾青年学生联手开办的。

尽管雅虎创业时间很短,但它的辉煌业绩足以令所有的人佩服得五体投地。通过雅虎进入因特网的人每月有 4 000 万人,比收视率最高的 NBC(美国全国广播公司)电视节目每周收看人数 3 000 万人还要多。1998 年 8 月 25 日,雅虎的股票价格为 97.50 美

元,是 1998 年计划每股红利 32 美分的 305 倍,公司市值达到 91 亿美元,这样的业绩令计算机产业盈利首户微软都感到震惊,因为微软的股票价格才是其预期红利的 52 倍。据美国《商业周刊》1998 年 12 月 18 日公布的数据,雅虎成为 1998 年股票增值最快的公司,股值增长率达 455%。

1997 年元月,《今日美国》报在评选"内容最丰富、最具娱乐价值、画面最吸引人且最容易使用的网络站台"时,"雅虎(YAHOO!)"连续数周在内容最优良、实用性最高、最容易使用等项目上夺魁。相信每一位新入门的网络用户,在获得上网成功的喜悦后,接下来面临的便是"我要到哪里去参观"这个现实的问题了。经过一段时间的摸索后,你便能体会到为何搜索引擎会那么炙手可热了。

对于网络新手来说,搜索引擎就像是一位亲切的导航解说员,如果你想查询资料,它就像一位称职的图书馆管理员。YAHOO! 公司可以提供世界性互联网导航服务,它是在 Web 上使用最广泛的一种信息和搜索指南。两位创始人也因开发 YAHOO! 所作出的贡献,被誉为"非凡的创造性劳动"。因此,有报纸称:YAHOO! 和 18 世纪瑞典著名植物学家 Linnaeus 一样重新组织了世界。YAHOO! 在用户数量、信息量、广告客户数量、品牌知名度等方面已成为业界领先者。

二、雅虎的经营之道

(一)商业眼光

YAHOO! 的成功证明了好的眼光等于 50% 的成功。长期以来,互联网络聚积了大量的文献、软件等资源。然而,令人遗憾的是这些财富虽然丰富,但却没人管理,散布在全球各地。在互联网搜索引擎推出之前,为了寻找一套软件,可能需要到美国、日本、欧洲等地的网站单独查询,用户要想找出和某一项目有关的文件、档案可能要花费大半天。对于新手而言,那些把资料集中在一处的网络搜索平台无疑是他们的救星,这些搜索平台让他们不至于迷失在互联网信息的汪洋大海之中。

YAHOO! 的眼光便在于此。

YAHOO! 正像一幅寻宝图,人们只要告诉它想要什么,它就会自动指出前进的方向。"任何人都可以在网上建立自己感兴趣的专用数据库,但有多少人知道它的存在?我们所做的,就是为人们提供一把进入这些神奇世界的钥匙"。YAHOO! 的创始人以这种通俗的语言来形容他们所做的卓有成效的工作。

一些专家不无夸张地说:"互联网有朝一日将改变整个世界,但若没有'YAHOO!',恐怕我们连门还摸不着呢。"

在美国西部的淘金热潮中,不管淘金的人们是否发财,但那些制造圆锹、十字镐、牛仔裤的公司,都真正发了大财。YAHOO! 便是第一批在互联网络上面"制造圆锹、十字镐、牛仔裤的公司"。

(二)经营互联网

作为互联网上的搜索工具,YAHOO! 只是把所有站点重新排列,并把它们归于不同层次的目录上。那么,是什么原因促使它一举成功呢?这是因为:YAHOO! 看到了互联网巨大市场背后更大的商业利益。YAHOO! 在免费为世界提供互联网地址搜索服务的同时，把所有申请地址的公司纳入自己的轨道，通过在主页上为其发布广告而获得利润。1995 年，广告占 YAHOO! 公司净收入的 93%。

YAHOO! 一边面对着成千上万的著名企业，一边联系着数以亿计的用户。这就不难理解，如何凭借 260 万份普通股，一个只有 49 人的公司却能造就两位亿万富翁的原因。YAHOO! 的互联网策略可谓出其不意，独辟蹊径。从表面上看，YAHOO! 免费提供互联网地址和用户的搜索服务，但实际上，它通过这种方式买断了用户端上所有公司、机构、个人的互联网注册权。据 1996 年 2 月的统计，YAHOO! 平均每天收到 3 000 个 Web 地址注册申请。

华人企业家李嘉诚先生曾经说过："你去找生意做，生意很难做；生意来找你，生意就很好做。"YAHOO! 靠的不是什么营销经验，但他们确实有眼光，开发了网络上一块最有利的黄金宝地。

（三）全球战略

随着网络环境的多元化和激烈的市场竞争，YAHOO! 也一直不断地推陈出新，希望仍能成为用户在网络上来来去去的"中转站"。在网络信息日益丰富与多元化之际，专业化与地域化已是必然趋势。YAHOO! 公司推出了一项称为"Get Local"的新服务，提供全美国 3 万个以上城市的地域性线上资源导览服务。使用者可直接联上地区网站，或是在 YAHOO! 的主网站上以浏览或输入区域号码的方式查询感兴趣城市的资料。Get Local 将自动创造出一个专属于该地区的首页，其中包括地方新闻、当地体育运动比赛结果、气象资料及其他各种当地信息。

电子商务是 YAHOO! 另一项准备开展的业务，他们希望在广告模式之外，也能通过参与电子商务市场赚取佣金。两位公司创始人一致认为："如果我们把人潮带进一些贩卖商品的网站，我想他们会乐意付给我们部分的交易金额。"

YAHOO! 还开始提供免费线上交谈服务"YAHOO! Chat（雅虎聊天室）"，再度证明了它不想只定位于一个目录或网络导览服务平台，而是想成为一个网络社区中心。

除聊天的功能之外，YAHOO! Chat 也会与如运动或娱乐等较热门的目录区结合，让同行们能相互交换信息。此外，YAHOO! Chat 也准备将一些如运动比赛成绩或地方新闻等内容在适当时机对接特定的聊天室进行广播，以增进谈话气氛。

由于意识到 YAHOO! 的用户大多数是年轻人，YAHOO! 还特别设计了一个称作"美妙链接"的目录，包含了当今最有趣的话题，既可以从中查到美国联邦调查局通缉的十大罪犯，也能调阅到关于航天飞机的很多细节。

与此同时，年轻的 YAHOO! 公司也没忘记不断扩充自己的世界版图：YAHOO! 为 Microsoft IE3. 0 提供 Web 搜索工具；YAHOO! 与 ZIFF. DIAVIS 共同开发互联网市场；YAHOO! 与 Altavista 公司合作提供互联网查询服务。

YAHOO! 还在发展自己的 YAHOO! 家族，如用于搜索主题的 YAHOO! COMPUTING 和 YAHOO! INTERNET、用于统计的 YAHOO! LIGANS、用于地区搜索的 YAHOO! JAPAN 和 YAHOO! CANADA。

如果说互联网是信息的汪洋大海，YAHOO! 则为用户提供了一份详细的"航海图"。当互联网络风潮刮起，YAHOO! 公司又看到了在儿童、亲子市场的潜在商机，他们开发了专供小朋友检索的"小雅虎"（YAHOO! LIGANS）。"小雅虎"以纯幼教信息为搜寻范围，抵制网上泛滥的色情和暴力内容，获得了老师和家长们的广泛支持。

（四）品牌生财

现今，YAHOO! 的名字几乎爬上了每一处可能的平面。例如，在圣何塞 SHARKS 的冰球场，它刻在扎伯尼刨冰机上；它裹在口香糖的锡纸上；它印在"机灵鬼"玩具、降落伞、滑雪板、帆船、冲浪板、卡祖笛上；紫色和黄色的字母很快就会出现在鞋子上；印在 CD 唱盘上；出现在电视剧《ER》以及即将上映的让·哈沃德的电影《ED 电视》之中。最绝的是：YAHOO! 几乎连嘴皮子都没动就得到了这一切宣传。初创时，公司还需采用互换广告的方式，然而现在——因为拥有自己的品牌——它得到了很多这样的免费好处。

说实话，"YAHOO!"这个牌子是公司最大的财富。尽管诸如 Excite 或是 Infoseek 这样的对手在信息、服务以及网上购物方面能与 YAHOO! 相匹敌，但是没人能望其品牌营销的项背。根据 Intelliquest 公司的数据，约44%的互联网用户知晓 YAHOO! ——多过知道 Excite 和 Lycos，甚至包括微软的人数。只有美国在线公司和网景公司比 YAHOO! 更为人所知。"名字里包含了产品的承诺"，市场和品牌调查公司 Ieo J. Shapiro & Associate 高级分析人员欧文·沙皮罗说，"它坚定了这样一种信念，就是一旦我访问过了 YAHOO!，我就愿意一直 YAHOO! 下去。"

（五）风险投资

世界现代高科技产业的发源地——美国硅谷地区的桑德希尔大道，就是世界著名的风险资本中心。正如一位来自美国的投资专家说："硅谷的故事很好听，但神话的诞生不仅归功于科学技术的进步，更在于它特殊的运作方式——风险投资。"YAHOO! 就是其中的一个神话。

1995 年 8 月，YAHOO! 的转型改造基本完成。随着业务的扩展，资本进一步扩充也提上日程，YAHOO! 需要更大的资金注入以争取更大的发展。YAHOO! 开始计划第二轮融资，杨致远和管理层为公司估价 4 000 万美金，看起来似乎有点不可思议，毕竟 5 个月前公司的估价才 400 万美金，但投资者二话不说就同意了，这一次的投资者是日本软银公司。YAHOO! 的第二轮融资带来了新的发展，公司聘用了一批有经验的管理人员，加大了营销的力度，尽管中间仍然经受了一些波折，但 YAHOO! 继续迅猛发展。

到了 1996 年，YAHOO! 开始考虑公司股票公开上市。Netscape 的成功上市表明了投资者对互联网高科技公司追求的狂热。上市计划前，软银 CEO 孙正义提出需要更多的股份，他希望成为一个合伙人，而不仅是一个投资者。最后的股份分配是软银占 37%，Sequoia 占 17%，杨致远和大卫各占 15%，为此软银支付了 6 000 万美金。

1996 年 4 月 12 日，YAHOO! 在美国成功上市，其竞争对手 Lycos 和 Excite 在 YAHOO! 前几天上市，不过这丝毫没有影响投资者的热情。上市价是每股 13 美元，开盘价是 24.5 美元，最高达到 43 美元，当天的收盘价是 33 美元，YAHOO！的市值达到 8.48 亿美元，是一年前 Sequoia 估价的 200 倍。

YAHOO！的成功，从另一个角度看也是风险投资公司 Sequoia 的成功。

目前，YAHOO！的不同语种网站已经扩展到了 15 个国家，雅虎中文网站也于 1998 年第四季度正式开通，YAHOO！还在亚洲、欧洲、加拿大设有自己的办事处。据统计，到 1998 年 12 月，YAHOO！公司站点的日页面访问量为 1.67 亿次。

分析启示及思考

一、分析启示

YAHOO！公司飞速崛起的故事能向人们昭示很多的道理。在工业经济社会，劳动力、资本等因素是不可或缺的，要赚取巨额的利润，没有雄厚的资本实力是绝对不行的。而信息社会则一反工业经济社会常规并开始形成这样一种格局：资本的地位逐渐退居于知识之后，知识投入可以代替物质投入，知识可以直接创造巨额财富。近些年，依托高新技术、以高科技人才为支撑而白手起家的例子早已屡见不鲜：国外的有微软、苹果、康柏、网景等公司，国内的有北大方正、珠海金山、王码等公司。这类现象给人们传递了一个具有冲击力的讯息：以高新技术和高科技人才为核心的知识经济时代正在到来。

值得一提的是，互联网的兴起，给人们提供了创立新型企业的更多选择，给企业带来了更多的发展机遇，从经营方向选择到具体的经营管理的实施，从产品开发到公关销售等，几乎离不开互联网这一强大工具的支持。一个意欲成大器的企业家，一个准备迎接市场挑战的企业必须学会如何运用现代科学技术提高自己企业的市场竞争力。

说到底，雅虎成功的秘诀其实也就是一条，那就是凭着一腔热情，不断地向新的未知领域探索。雅虎认为网上市场是一个巨大的宇宙，需要有人不断探索、不断开发，与其坐等去分享别人的成果，倒不如自己亲自去尝试成功的喜悦。正如雅虎的首席执行官安德鲁·库格（Andrew Koogle）所说："我们要建成世界上最伟大的公司，就需要去做那些近乎疯狂，但不愚蠢的事。"这就是 21 世纪的互联网媒体巨人的经营哲学。

二、问题与思考

1. 在当今信息化网络时代，雅虎的成功说明了什么？
2. 雅虎公司的成功之道对今天的大学生创业有何启发？
3. 雅虎的神话可以复制吗？它的成功秘诀有哪些？

财富故事

身边并不缺少财富，而是缺少发现财富的眼光

菲勒出生在一个贫民窟里，他和很多贫民窟的孩子一样争强好胜，也喜欢玩，甚至

逃学。但与众不同的是,菲勒从小就有一种善于发现财富的非凡眼光。他把一辆从街上捡来的玩具车修好,让同学们玩,然后向每个人收取 0.5 美分。一个星期后他竟然赚回一辆新的玩具车。菲勒中学毕业后,成了一名小商贩,但最终他却靠一批丝绸起家,从小商贩一跃而成为商人。那批丝绸来自日本,数量足有一吨之多,因为在轮船运输过程中遇到了风暴,丝绸被染料浸染了。如何处理这些被染料浸染的丝绸,成了日本人非常头痛的事情。他们想卖掉,却无人问津;想运出港口扔掉,又怕被环境部门处罚。菲勒听说这个消息后,便找到了船长。结果,他没有花任何代价便拥有了这些被染料浸染的丝绸。然后,他用这些丝绸制成迷彩服装、迷彩领带和迷彩帽子。一夜之间,他拥有了10 万美元的财富。

菲勒活了 77 岁,临死前,他让秘书在报纸上发布了一条消息,说他即将去天堂,愿意给失去亲人的人带口信,每人收费 100 美元。这一荒唐的消息,吸引了无数人的好奇心,结果他赚了 10 万美元。他的遗嘱也十分特别,他让秘书登了一则广告,说他是一位绅士,愿意和一位有教养的女士同卧一个墓穴。结果,一位贵妇人愿意出资 5 万美元和他一起长眠。

菲勒的发迹在许多人的眼中一直都是个谜。他那别具匠心的碑文:"我们身边并不缺少财富,而是缺少发现财富的眼光。"也许能概括他不断在平凡中发现奇迹的传奇一生,帮助人们解开他的发迹之谜。

(资料来源　朱吉玉:《管理心理学》,大连,东北财经大学出版社,2011)

▲ 案例 5 ▲

松下——日不落帝国

一、松下电器公司概况

松下电器是世界上最大的家用电器企业，也是日本电机行业的排头兵。在 1993 年按销售额排名的世界工业企业中，位列第 8；在 1994 年美国《财富》杂志世界最大 500 家企业的排名中，位列第 17。作为巨型电机企业，松下电器在 1994 年日本电机行业按销售额和经营利润排名中分列第 1 和第 2 位。松下电器长期雄踞美国《财富》杂志 500 强前列，2010 年列世界 500 强第 13 位。

松下电器的前身是其创始人松下幸之助在 1918 年创立的松下电器具制作所，主要生产简单的电器插座。1927 年松下研制成功电熨斗、电热器产品，并开始使用"NATIONAL"商标出售，1929 年松下电器具制作所改称松下电器制作所。1935 年 12 月，松下电器工业公司正式建立，松下幸之助个人投资经营的公司转变为合资经营的股份公司。第二次世界大战期间，松下公司同其他企业一同由民用转为军工生产，它的许多子公司均被指定为军需公司。1950 年，松下幸之助恢复工职后着手整顿企业，20 世纪 60 年代松下成为日本最大的家用电器制造商，产品的范围涉及家用电器、办公用电器、产业用电器以及社会系统等广泛的领域。松下通过与世界各个国家开展业务合作，作为"国际性综合电子技术企业"赢得了世界各国的高度评价。

二、松下电器公司经营之道

松下电器公司之所以能发展成为一家举世瞩目的跨国公司，与其成功的经营管理有直接联系，其经营管理有以下几个主要特点。

（一）实行事业部制

这是松下电器在经营管理上的最大特点。1933 年，松下在日本开始实行事业部制，这在当时世界上也寥寥无几。所谓事业部，是按产品分类划分成一个个类似分公司的事业单位，实行独立核算。实行事业部制实际上是实行一种分权的管理制度，即分级核算亏盈、分级管理。各事业部分别有自己的下属工厂、派出机构，形成从产品试制到生产、销售、收支等统一经营的独立核算的事业体。各部采取独立的核算制，不用赢利的事业部去弥补亏损的事业部，各部必须靠自身的力量提高利润，彼此之间通过市场竞争的关系进行合作。由于是按产品类别划分，因此有利于专心钻研某一种产品技术，提高产品质量；有利于提高工人的专门技术，达到精益求精。采取独立核算使各部门经营情况一目了然，有利于相互促进、相互比较。由于分工明确，形成一种经营责任制，让下属有尽可能多的独立权限，以发挥他们的主动性，有利于锻炼和培养精通经营管理的人员，有利于发挥每个人的才能和创造性。

但事业部制并不是完美无缺的，存在着诸如管理费高和综合能力差等问题，容易产生本位主义与分散倾向。20 世纪 70 年代石油危机发生后，这种分权管理的形式已不能适应形势的要求。为此，松下公司于 1975 年 1 月在管理体制上又进行了一次重大改革，建立综合本部制度，把 50 多个事业部划分为无线电机器、电气化机器和工业机器三大综合事业本部，由三位部门副总经理领导，这样就加强了三大类产品销售业务的统一领导，促进了各事业部之间的协作。1977 年，山下俊彦担任总经理后提出了不少设想，在事业部机构设置上逐渐按产品类别加以集中，把若干事业部组织起来，形成一个领域方面等等。

（二）注重市场调查，加强产销结合

资本主义经营的目标是利润，焦点是市场。在日本，松下电器向来以精于推销著称，日立公司被称为"技术的日立"，松下则被称为"买卖的松下"。松下认为："有了市场才有了存在的意义，所以焦点要集中到市场中去。"

在销售产品方面，松下公司以下几点十分突出：

1. 要让尽可能多的人知道松下，了解松下

为扩大影响力，松下不惜投入巨资展开强大的宣传活动。从 1973 年起，连续几年的广告费支出高达 150 亿日元，为日本企业之最。他们实行了一套"企业识别体系"，也称"CIS"，即通过视觉形象来塑造人们对该公司的印象。如在日本国内，松下产品使用"NATIONAL"的牌子，公司的建筑物、广告牌、出版物、包装箱、资料、图书，以及信纸、信封、甚至连火柴盒、垃圾箱等都印上了"NATIONAL"字样，而且要求印刷字体、颜色、规格都是一个标准。视觉上的多次重复，会留下较深的记忆。此外，打开工厂大门让人参观也是一种有效的宣传方式，该公司为此设置了"工厂参观课"，由受过专门训练的人员负责参观接待。

2. 密切注意市场变化，把握需求动向

松下电器充分利用政府机构（如大藏省等）提供的市场情报、销售统计的资料，同时还通过本公司的调查了解需求动向，然后把情报提供给技术或生产部门。

3. 建立了庞大的销售网

松下电器认为，销售体制对企业收益的影响往往大于对生产体系的影响，为此建立了专门的销售公司、销售店、销售网。例如，把专卖松下产品并响应其经营方针的商店称为"NATIONAL 商店"，总公司会根据合同予以特殊照顾。

4. 采用各种办法推销产品

例如，松下电器从 1951 年开始在日本首先实行按月付款制度；1972 年开始实施租赁制度。松下电器采取的推销方法甚至还包括现场演示，如热电器具事业部组成"推

销战斗队",到各地出席讲习会,极大地推动了各地商店的销售工作。

5. 十分注意售后服务

松下公司不但设立了管理售后服务工作的服务本部,还在全国各地设立了服务公司,它们与各事业部的服务部门及全国销售公司的服务部门形成了一个整体,实行完善的服务工作。此外,还设有消费者洽谈中心,直接与消费者见面,征询意见。

(三)重视人才开发,关心职工生活

松下幸之助认为:一个人的能力是有限的,如果只靠一个人的智慧指挥一切,即使一时取得惊人的进展,也肯定会有行不通的一天。因此,松下电器公司不是仅仅靠总经理经营,不是仅仅依靠干部经营,也不是仅仅依靠管理监督者经营,而是依靠全体职工的智慧经营。松下幸之助将"集中智慧的全员经营"作为公司的经营方针。

为此,公司努力培养人才,加强职工的教育培训,根据长期人才培养计划开设各种综合性的系统的研修、教育讲座。由此可以看出,松下公司之所以取得如此巨大的成就,除了特定的历史条件和社会环境外,还与其将人才思想作为公司经营思想的核心是分不开的。松下先生曾说:"事业的成败取决于人,没有人就没有企业,松下电器公司既是'制造电器用品'的公司,又是'造就人才'的公司。"

松下先生认为:人才可遇不可求,人才的鉴别不能单凭外表,人才效应不能急功近利;吸引人才的手段不是靠高薪,而是靠企业所树立的经营形象;争取人才最好不要去"挖墙脚",被挖来的人不一定都是优秀的人;公司应招募适用的人才。

对于人才的标准,松下公司的衡量标准是:虚心好学的人;不墨守成规而常有新观念的人;爱护公司和公司成为一体的人;不自私而能为团体着想的人;有自主经营能力的人;随时随地充满热情的人;能得体地与上司交流的人;能忠于职守的人;有气概担当公司重任的人。

现在松下公司课长、主任以上的干部,多数是公司自己培养起来的。为了加强经常性的教育培训,总公司"教育训练中心"下设八个研修所和一个高等职业学校。松下的职工教育是从加入公司开始抓起的,凡新招收的职工都要经过八个月的实习培训,才能分配到工作岗位上。

由于把人才培养工作放在了首位,有一套完整的培养人、团结人、使用人的办法,所以松下公司培养了一支企业家、专家队伍,这正是其能够实现高效率管理的前提。

在如何培养人才的问题上,松下公司有自己独到的见解:

第一,注重人格的培养。人格培养,需要经过千锤百炼。松下认为,造成社会混乱的原因,可能在于忽略了身为社会人所应有的人格锻炼。缺乏应有的人格锻炼,就会在商业道义上产生不良的影响。

第二,注重员工的精神教育和人才培养。对员工精神和常识上的教导,是身为经营者的责任。松下积极培养员工的向心力,让员工了解公司的创业动机、传统、使命和目标。

第三,要培养员工的专业知识和正确的价值判断能力。没有足够的专业知识,不能满足工作上的需要,但如果员工没有正确的判断能力,就等于乌合之众,无法促进公司以至社会的繁荣。

第四，训练员工的细心。细心体贴，看起来似乎是不足以挂齿的小节，其实是非常紧要的关键，往往影响大局。

第五，培养员工的竞争意识。松下认为，无论政治或商业，都会因比较而产生督促自己的力量，一定要有竞争意识，才能彻底地发挥潜力。

第六，重视知识与人才相结合。知识是一种武器，这种武器要碰到人才，才能发挥它的威力。汽车大王福特曾说过："越优秀的技术员，越不敢活用知识。"说明知识分子往往是弱者，容易局限在自己知识的框架内，缺乏面对困难，打破陈规的精神，以至于无法成功立业。松下告诫刚从学校毕业的年轻人，要十分留心发挥知识的力量，而不要显示知识的弱点。

第七，恶劣环境促使成功。松下强调真正的培养是培养一个人的人格，知识的传授只是教育的第二意义。他认为现在的教育虽名为教育，但不能算是真正的教育，真正的教育是提高一个人的人性。教育的中心，是以培养一个人的人格为第一，至于知识、技术之类，可作为附属的教育。

第八，人才要配合恰当。聚集智慧相等的人，不一定能使工作顺利进行，往往只有分工合作，才会有辉煌的成果。在用人时，必须要考虑员工之间的相互配合，才能发挥个人的聪明才智，这也是人事管理上的金科玉律。每个人都有长处和短处，所以若要取长补短，就要在分工合作时考虑双方的优点及缺点，切磋鼓励，同心协力。

第九，任用就得信任。松下先生曾说：用他，就要信任他；不信任他，就不要用他。这样才能让属下全力以赴。用人固然有技巧，而最重要的就是信任和大胆地委派工作。通常一个受上司信任、能放手做事的人都会有较高的责任感，所以无论上司交代什么事，他都会全力以赴。

第十，采用强过自己的人。松下主张采用强过自己的人，认为员工某方面的能力强过自己，领导者才有成功的希望。然而一般人最容易犯的错误就是高估自己的能力，而不肯接受他人的忠告，领导者最应留意这一点。

第十一，创造能让员工发挥所长的环境。工作的性质往往会影响个人能力的发挥。人员的配置，有时会使他胜任高于其能力的工作，有时则只能发挥能力的一半。因此，人员的配置和运用很重要，运用适当，可以达到人尽其才；运用不当，则会埋没人才。

第十二，不能忽略员工的升迁。适时地提升员工，最能激励士气，也将带动其他同仁的努力。提升员工职位，应以员工的才能高低作为职位选定的主要标准，资历应列为辅助材料。

为了发挥全体职工的勤奋精神，松下电器公司采取精神和物质双管齐下的办法，激励职工。在精神方面，公司提倡"全员经营"，宣传搞好经营是"职员自己的事"，职工是松下电器公司的主人翁。在物质方面，对于职工提出的合理化建议，公司都认真对待，按成效分成1~9等，有的表扬，有的奖励，贡献大的给予重奖。

公司采取的上述措施，对引导职工把公司的事业看成是"自己的事业"，从而燃烧起自己的热情，把首创精神用于工作，"产生着无法想象的伟大力量"。

（四）重视与承包企业的关系

松下公司提出与承包企业"共存共荣"的口号。松下公司在选择承包企业时，把价格、质量、交货日期作为三原则，其中放在第一位的是质量。质量不合要求，价格再便宜也不买。

松下公司的承包企业大多数是中小企业，通过接受松下电器原材料或零部件的加工订货等方式成为该公司的承包企业。松下公司实行这种承包制度是经过其精打细算的。这些中小企业的人均工资远低于大企业，而且有利于节省设备投资。这样庞大的承包体系正是松下公司得以存在和发展的重要基础。

（五）大力拓展海外市场

松下公司还注意大力拓展海外市场，其海外拓展战略主要有：

1. 放眼海外，步步推进

松下电器公司向海外拓展经历了五个阶段：扩大出口—设立销售据点—设立生产技术开发据点—转移经营资源—实施全球化战略。

2. 多样化的跨国经营手段

首先是迅速占领市场；其次是实行技术控制与转让；再次是实现经营资源的当地化；最后是将日本式的经营管理特点与当地情况有机结合。

3. 全方位实施全球化战略

其战略主要包括：经营多元化、技术开发的全球化、市场最大化、扩大海外直接投资、重视国际间的战略分析、加速建立企业内国际分工体制。

基于海外经营的特点，松下公司在遵循其根本经营理念的同时，前社长山下俊彦还提出了松下在海外拓展的基本思想：第一，从事受所在国欢迎的事业；第二，依照所在国的方针政策促进事业发展，同时力争使所在国政府理解公司的想法；第三，积极促进对海外技术的转让；第四，使在海外生产的产品在质量、性能和成本方面拥有国际竞争力；第五，建立能盈利的经营体制，自己解决事业扩大所需的资金；第六，努力培养当地员工。总而言之，松下所投资的必须是受到所在国欢迎的工作，通过"为了所在国的人民，依靠所在国的人民"来实现其经营理念。

松下以其独特的国际化营销策略在海外取得了辉煌的成就，已成为当今名副其实的"日不落帝国"。

分析启示及思考

一、分析启示

众所周知，松下电器是世界上最大的家用电器企业，也是日本电机行业的排头兵。它是世界级著名的老牌企业，号称"日不落帝国"。松下的创始人松下幸之助被称为"经营之神"。其长久不衰的秘诀就是其独特而先进的经营理念和管理方式。比如：它最早实行的事业部制；以市场为导向的营销观念；重视人才开发、利用和管理的人才观及一系列先进的经营理念。这些经营理念和管理方式值得世界各国企业学习，更是我国企业学习的榜样。

二、问题与思考

1. 松下公司的人才观是什么？有哪些独到之处值得我们借鉴学习？
2. 松下公司的经营思想主要有哪些内容？
3. 松下公司对当前接受高等教育的学生有何告诫？你对此有何感想？

财富故事

听来的消息

被日本人称为"经营之神"的松下幸之助，年轻时就是个勤于思考、善于思考的人。

有一次他在市场闲逛时，听到几个购物的家庭主妇议论："现在的家用电器的电源插头是单用的，很不方便，如果一件多用，能够同时插上几种电器就好了。"说者无意，听者有心。松下先生听到后灵机一动，产生了新的想法，回去后马上组织力量研究，不久便生产出了"三通"电源插头，结果大受欢迎，一下子赚了大钱。就是这些细微之处的改动、很少的追加投资，为松下王国的万丈高楼奠定了第一块基石。

（资料来源　武文胜：《MBA 经营奥秘精华读本》，北京，中国社会科学出版社，2004）

案例 6

通用电气公司的多元化经营模式

案例正文

一、通用电气公司概况

通用电气公司（GE），美国企业，主营业务多元化。

通用电气公司是世界上最大的多元化服务性公司，同时也是高质量、高科技工业和消费产品的提供者。从飞机发动机、发电设备到金融服务，从医疗造船、电视节目到塑料，通用电气公司致力于通过多项技术和服务创造更美好的生活。通用电气公司在全世界100多个国家和地区开展业务，拥有员工近300 000人。通用电气公司长期雄踞《财富》杂志500强前列，2010最新排名位列第13位。

通用电气公司的历史可追溯到托马斯·爱迪生，他于1878年创立了爱迪生电灯公司。1892年，爱迪生通用电气公司和汤姆森—休斯敦电气公司合并，成立了通用电气公司。通用电气公司是自道·琼斯工业指数1896年设立以来唯一至今仍在指数榜上的公司。

通用电气业务集团：7个发展引擎（消费者金融集团、商务融资集团、能源集团、医疗集团、基础设施集团、NBC环球、交通运输集团）产生85%利润，在技术、成本、服务、全球分销和资本效率方面有强大优势的市场领先者；4个现金增长点（高新材料集团、消费与工业产品集团、设备服务集团、保险集团）在增长的经济环境下持续产生现金流和收益。

美国通用电气公司是世界上最大的电器和电子设备制造企业，它的产值占美国电工行业全部产值的1/4左右。通用电气公司的总部位于美国康涅狄格州费尔菲尔德市，由多个多元化的基本业务集团组成，如果单独排名，其中13个业务集团均可名列《财富》杂志500强。通用电气公司的电工产品技术比较成熟，产品品种繁多，据称有25万多种品种规格。它除了生产消费电器、工业电器设备外，还是一个巨大的军火承包商，制造宇宙航空仪表、喷气式飞机导航系统、多弹头弹道导弹系统、雷达和宇宙飞行系统等。在1977年美国《工业研究》杂志举办的一百种新产品的评选中，美国通用电气公司的新产品获奖最多。知名的可载原子弹和氢弹头的阿特拉斯火箭、雷神号火箭就是通用电气公司生产的。

在两次世界大战中，通用电气公司大发战争财，获得了迅速发展。第一次世界大战后，该公司在新兴的电工技术部门——无线电方面居于统治地位，1919年成立了一个子公司，即美国无线电公司，几乎独占了美国的无线电工业。第二次世界大战又使通用电气公司的产量和利润额急剧增长。

通用电气公司在创立后的80多年中，以各种方式吞并了国内外许多企业，获得了许多企业的股份，1939年国内所辖工厂只有30多家，到1947年就增加到125家，1976年年底在国内35个州共拥有224家制造厂。在国外，它逐步合并了意大利、法国、德国、比利时、瑞士、英国、西班牙等国的电工企业。1972年，该公司在国外的子公司共计有：欧洲33家、加拿大10家、拉丁美洲24家、亚洲11家、澳大利亚3家、非洲1家。到1976年年底，它在24个国家共拥有113家制造厂，成为一个庞大的跨国公司，多次入选世界500强行列。

通用电气公司资产雄厚，规模庞大，1976年和1977年在美国大公司排名中都是名列第九位。据1978年5月8日美国《财富》杂志的统计，美国通用电气公司1977年的总资产达136.96亿美元，销售总额达175.15亿美元，这一年的纯利润为10.88亿美元，在美国各大公司中占第五位，职工总人数38.4万人。通用电气公司从1956年开始建新厂生产导弹，并向外国提供核武器。例如在日本搞原子能、原子燃料和海军鱼雷等。1976年，通用电气公司与法国合作研制涡轮飞机发动机和可以装备鱼雷潜艇、运载火箭的发动机。

二、通用电气的经营之道——多元化经营

（一）通用电气超脱的核心竞争力

对于多元化经营而言，企业必须有一个超脱于具体业务的公司战略，这样才能加强对公司未来远景和对公司的总体控制，避免业务单元成为没有战略的利益中心，失去前进和奋斗的目标。通用电气著名的"四大战略"即全球化、服务转型、六西格玛和电子商务，全部都超脱于具体业务。

1. "数一数二"

"数一数二"是通用电气著名的业务筛选模式。此目标要求通用电气的每项业务都必须占据市场领导地位，否则就有被关闭或卖掉的危险。韦尔奇形象地比喻："当你是市场中的第四或者第五位时，一旦市场上的老大打了一个喷嚏，你就会患上肺炎。提供二流的产品和服务的供应商将难有生存空间。""数一数二"不仅仅是个目标，而且是实实在在的要求。韦尔奇还提出三个主要业务：核心业务、高科技业务、服务业。三个圈外的企业将被改造、兼并或者出售。那些处于圈内的企业，在通用电气创造的总利润中占92%，在销售上占87%。"数一数二"可以称之为通用电气在硬件方面的核心竞争力。

2. 六西格玛

1996年1月，韦尔奇宣布开展基于六西格玛的行动。六西格玛项目从1996年的3000个上升到1997年的6000个，实现了3.2亿美元的利润，比原先设定的1.5亿美元目标翻了一番。1998年，六西格玛项目节省了7.5亿美元的投资。1999年，六西格

玛项目节省了 15 亿美元的投资。通用电气的经营利润率从 1996 年的 14.8% 上升到 2000 年的 18.9%，这正是六西格玛发挥的作用。

3. 群策群力

1989 年，韦尔奇开始了全公司范围的"Work-Out"行动，这一行动要使通用电气的每一个员工都有机会对提高公司的管理水平提出建议。群策群力是一项集中公司上下、内外各方面智慧去培植、收集并实施好点子的经营策略。这个活动鼓励员工就公司业务中存在的弊端坦率地向上级主管提出自己的看法。群策群力可以称之为通用电气在软件方面的核心竞争力。

4. 学习与创新

通用电气拥有一个强调组织学习能力与创造性的核心竞争能力，具体表现为较强的"活化"组织结构层次与激发组织创新。通用电气的营运系统能够以极快的速度将创意转变为现实的行动，贯彻到公司的 13 个业务集团中。所有的公司举措都在宣布后一个月内在公司贯彻落实，并在第一个业务周期产生积极的财务效果。全球化已经在十几轮的业务周期中逐步成熟，这有利于公司业务运营系统与变革思想融为一个整体的综合能力的提高，从而保证了企业多元化扩张背后的持续支撑动力。

综上所述，核心竞争力是企业多元化经营成功的关键，这种核心竞争力是企业在长期的经营发展中逐步形成的能力集合体，多元化战略只有保持、运营、发展其核心能力，才能使企业竞争能力得以增强。

（二）金融服务业对通用电气多元化战略实施的作用

1. 利润的主要增长点

通用电气四分之三的利润都来自服务业，其中大约 40% 的利润来自于金融服务集团。通用电气的金融服务体系已经不仅仅局限于产品，而是深入到对方的运营体系中，帮助对方分析和解决实际问题，并且拓展自己的服务空间，开发更为广阔和长远的盈利空间。通用电气金融服务集团虽然不是一家银行，不接受储蓄，但被认为是美国最好的银行。它是公司内部一个纯粹的服务性机构，在 20 世纪 80 年代和 90 年代，没有任何一项事业像它那样对通用电气的增长和盈利做出过如此重要的贡献。

2. 降低筹资成本

通用电气金融服务体系的最大贡献是降低了筹集资金的融资成本。通用电气对子公司在资源分配上比资本市场更有效率，这是因为集团企业对其下属的子公司有绝对的控制权，对于信息的掌握比资本市场精确。资本市场对于公司的信息了解有限，因此，集团企业在内部形成小型资本市场，在资源分配上比外部资本市场更有效率。通用电气金融服务集团设有 27 个金融服务公司，包括卫星通信服务、飞机与机车租赁融资服务、航空服务、商用设备融资、商业信用、商业房地产信贷与服务、统一金融保险、消费信贷服务以及雇主再保险公司等，这些公司在业务运营上取得了巨大的成功。

3. 资本运作与产业经营的桥梁

通用电气金融服务的成功很大程度上得益于其母公司的 3A 的信用等级。20 世纪 90 年代的大量并购使通用电气金融服务集团成为涉足信息技术、工商咨询和系统管理等多个领域的全球性公司。1980 年，通用电气金融服务集团拥有 10 家企业，资产 110 亿美元，仅在北美市场发展。到了 2001 年，它拥有 48 个国家的 24 家企业和 3 700 亿美元资产。

通用电气金融服务集团将金融和制造业融为一体、将资本运作和产业经营融为一体、将多元化投资和多元化经营融为一体，合理分配，有机组合，构成了通用电气的多元化战略模式，以此成为通用电气强有力的盈利保障和发展基石。

（三）通用电气多元化战略模式分析

从通用电气多元化战略的成功经验来看，第一，要通过制定超脱性的战略从客观上指导业务公司方向选择，高度审视多元化战略，强化对公司未来远景和目标的总体控制；第二，正确分析企业内外环境，对企业自身的资源与能力进行正确地分析和评估，要对试图进入的行业有充分的了解；第三，充分发挥并增强核心的竞争优势，对自己的竞争优势是否能延伸扩展至目标行业作出判断；第四，整合企业文化和内部资源，强化管理以及迅速进入所选择的业务，控制过程，改善经营，促进创新。

作为企业经营战略，多元化战略受到企业战略宗旨的影响，一些企业的战略宗旨主要注重产品经营，另一些企业的战略宗旨主要关注资本运营。前者在实施多元化战略时，主要从企业能力，尤其是企业的核心能力出发，关注企业的核心能力与市场机会的结合，因此，这类企业多表现为相关性多元化；后者在实施多元化战略时，主要从企业的资本能力出发，关注企业的资本能力与市场机会的结合，企业的多元化经营主要表现为非相关性多元化，企业多元化业务之间的相关性很小。但是，不同企业的战略宗旨不同，同一个企业的战略宗旨有时也会随着企业的发展而发生变化。

韦尔奇曾说："知道什么时候干涉，什么时候放手让人去做，纯粹是一个需要勇气的决定。在这里一致性并不是必须的。""有的时候为了工作能够尽快完成，可以不用太束缚和守规矩。你可以选择和挑选机会，因为此时你的干涉将起到重要的作用。""当我认为自己能玩的时候，我喜欢亲自上场；当我认为自己不属于这个游戏时，我也很喜欢在一边助威。"

通用电气在其熟悉的、具有核心竞争力的行业实施着多元化经营的战略，而在一些运用资本运作方式并购投资的行业里，实施的则是多元化投资的战略。同时，通用电气将其现有的竞争优势超脱地延伸到其他的投资产业和产品，最大限度地运用公司的有限资源进行合理配置，淋漓尽致地发挥出其核心竞争力。通过以通用电气的金融服务集团作为中介，通用电气的多元化战略取得了巨大的成功。

因此，企业多元化战略是企业生产经营和资本运作的综合体现，是企业内部管理型战略和外部交易型战略共同作用的结果。多元化战略应该是多元化经营和多元化投资的合理配置、有机组合的战略模式。随着时间的考验，多元化经营和多元化投资合理配置、有机组合的多元化战略模式，必将是多元化战略模式的发展趋势。也只有这样，企业才能在长期的发展过程中立于不败之地，实现可持续发展。

分析启示及思考

一、分析启示

美国通用电气公司是世界上最大的电器和电子设备制造商。它最显著、最成功的特点就是产业多元化，是世界上最大的多元化服务性公司。从飞机发动机、发电设备到金融服务，从医疗造船、电视节目到塑料，其多元化战略涉及 13 个业务集团，遍布 100 多个国家和地区，在全球拥有员工近 300 000 人。支撑这样一个巨大的企业帝国，而且长久不衰，源于通用拥有一个超脱于具体业务的公司战略。通用电气将其现有的竞争优势超脱地延伸到其投资产业和产品，最大限度地运用公司的有限资源进行合理配置，淋漓尽致地发挥出其核心竞争力的作用，使得通用电气的多元化战略取得了巨大的成功。

通用电气可谓是大型跨国企业和多元化企业发展的典范，对我国企业实施多元化和跨国经营提供了宝贵的经验。

二、问题与思考

1. 通过通用电气公司多元化经营的案例，分析企业实施多元化经营的优缺点。
2. 通过通用电气公司多元化经营的案例，分析企业实施多元化经营的关键。
3. 通用电气公司多元化经营对中国企业的启示有哪些？

【小思考】

有人说，开商店要盯住女性消费者，开饭店要盯住男性消费者，这话对吗？

答：从总体说是对的，因为女性消费者（特别是城市女性消费者）是商品的主要购买者，而光顾饭店的男性消费者占多数。

（资料来源　朱吉玉：《消费心理学》，大连，大连出版社，2010）

经营秘诀

733 位巨富获得成功的 20 个主要原因

托马斯·J. 斯坦利博士：美国著名学者，著有《百万富翁的智慧》一书。他对 733 位巨富进行调查之后，总结出 20 个最重要的致富因素，每一位富豪都是因其中某种或某几种因素而致富。它们的重要性按先后顺序排列如下：

1. 正直、真诚地对待所有人。
2. 有教养，能自我控制。
3. 有社交能力，与人们和睦相处。
4. 有配偶的支持。
5. 努力工作，比多数人更加勤奋。
6. 热爱自己的事业或生意。

7. 具有很强的领导才能。

8. 具有很强的竞争精神和独立人格。

9. 很有组织性，而不是率性而为。

10. 具有推销自己的思想或产品的能力。

11. 进行明智的投资。

12. 发现他人所没有发现的机会。

13. 当自己的老板。

14. 愿意冒具有合理回报的风险。

15. 有良师益友。

16. 渴求他人的尊重。

17. 投资于自己熟悉的生意。

18. 找到能发挥长处的合适位置。

19. 精力充沛。

20. 身体健康。

（资料来源　胡卫红：《世界 500 强创始人的 16 个商业信条》，北京，企业管理出版社，2004）

案例 7

中国移动通信集团的品牌管理

案例正文

一、中国移动通信集团概况

中国移动通信集团公司，中国企业，主营电信业务。

中国移动通信集团公司（简称中国移动）于 2000 年 4 月 20 日成立，注册资本 518 亿元人民币，截至 2008 年 9 月 30 日，资产规模超过 8 000 亿元人民币，拥有全球第一大的网络和客户规模，是 2008 年北京奥运会合作伙伴和 2010 年上海世博会全球合作伙伴。

中国移动全资拥有中国移动（香港）集团有限公司，由其控股的中国移动有限公司（简称上市公司）在国内 31 个省（自治区、直辖市）和香港特别行政区设立全资子公司，并在香港和纽约上市。目前，中国移动有限公司是中国在境外上市公司中市值最大的公司之一，也是全球市值最大的通信公司。

中国移动主要经营移动语音、数据、IP 电话等多种增值业务，拥有"全球通"、"神州行"、"动感地带"等著名业务品牌，并具有计算机互联网国际联网单位经营权和国际出入口局业务经营权。

中国移动已连续 9 年被美国《财富》杂志评为世界 500 强企业，2009 排名第 99 位，2010 排名第 77 位。中国移动的品牌价值不断上升，连续第三年进入《金融时报》全球最强势品牌排名，品牌价值（572 亿美元）位列第五位，在全球电信品牌中排名第一；2008 年再次入选世界品牌实验室编制的《世界品牌 500 强》，名次大幅提升至 66 位。2008 年，上市公司入选道·琼斯可持续发展指数，成为中国内地首家、也是唯一一家入选企业。中国移动优秀的公司治理得到国际社会高度认可，分别被《财富》杂志评为"全球最受赞赏的公司"，被《商业周刊》评为"亚洲最受尊敬的企业"。公司债信评级是目前中国非金融机构企业中唯一拥有与国家主权信贷评级同等债信评级的公司。

二、中国移动通信的经营之道——品牌管理

手机已成为人们日常生活中的普通沟通工具，伴随着 3G 浪潮的到来，手机功能将凭借运营网络的支持，实现从语音到数据业务的延伸，服务内容更加多样化，同时也孕

育着巨大的市场商机。

同其他运营商一样，中国移动旗下的全球通、神州行两大子品牌缺少差异化的市场定位，目标群体粗放，大小通吃。一方面是移动通信市场黄金时代的到来，一方面是服务、业务内容上的同质化，面对"移动牌照"这个资源蛋糕将会被越来越多的人分食的状况，如何在众多的消费群体中进行窄众化细分，更有效地锁定目标客户，以新的服务方式提升客户品牌忠诚度、以新的业务形式吸引客户，成为运营商成功突围的关键。

（一）精确的市场细分，圈住消费新生代

根据麦肯锡对中国移动用户的调查资料表明，中国将超过美国成为世界上最大的无线市场，从用户绝对数量上来说，2005 年中国的无线电话用户数量达到 1.5 亿~2.5 亿个，其中有 4 000 万~5 000 万用户使用无线互联网服务，其中 25 岁以下的年轻新一代将成为未来移动通信市场最大的增值群体。因此，中国移动将以业务为导向的市场策略率先转向了以细分的客户群体为导向的品牌策略，在众多的消费群体中锁定 15~25 岁年龄段的学生、白领，拓展新的增值市场。

锁定这一消费群体为自己新品牌的客户，是中国移动"动感地带"成功的基础。

1. 从目前的市场状况分析，抓住新增主流消费群体

15~25 岁年龄段的目标人群正是目前预付费用户的重要组成部分，而预付费用户已经越来越成为中国移动新增用户的主流，抓住这部分年轻客户，也就抓住了目前移动通信市场大多数的新增用户。

2. 从长期的市场战略出发，培育明日高端客户

以大学生和公司白领为主的年轻用户，对移动数据业务的潜在需求大，且购买力会不断增长。这部分消费群体在 3~5 年后将从低端客户慢慢变成高端客户，为企业在未来竞争中占有优势埋下了伏笔。

3. 从移动的品牌策略出发，形成市场全面覆盖

全球通定位高端市场，针对商务、成功人士，提供针对性的移动办公、商务服务功能；神州行满足中低端市场普通客户通话需要；"动感地带"有效锁定大学生和公司白领为主的时尚用户，推出语音与数据套餐服务，全面出击移动通信市场，牵制竞争对手，形成预置性威胁。

（二）独特的品牌策略，另类情感演绎品牌新境界

"动感地带"目标客户群体定位于 15~25 岁的年轻一族。从心理特征来讲，他们追求时尚，对新鲜事物感兴趣，好奇心强、渴望沟通，他们崇尚个性，思维活跃，对品牌的忠诚度较低，是容易互相影响的消费群体；从对移动业务的需求来看，他们对数据业务的应用较多，这主要是可以满足他们通过移动通信所实现的娱乐、休闲、社交的需求。

中国移动据此建立了符合目标消费群体特征的品牌策略：

1. 动感的品牌名称

"动感地带"突破了传统品牌名称的正、稳，以奇、特彰显，充满现代的冲击感、亲和力，同时整套形象设计简洁有力，易传播、易记忆，富有冲击力。

2. 独特的品牌个性

"动感地带"被赋予了"时尚、好玩、探索"的品牌个性，同时提供以娱乐、休闲、交流为主的内容及灵活多变的资费形式。

3. 炫酷的品牌语言

富有叛逆的广告标语"我的地盘，听我的"、"用新奇宣泄快乐"、"动感地带，年轻人的通讯自治区！"等流行时尚语言配合富有创意的广告形象，将追求独立、个性、更酷的目标消费群体的心理感受描绘得淋漓尽致，能够与目标消费群体产生情感共鸣。

4. 犀利的明星代言

广告代言人周杰伦，以阳光、健康的形象，同时有点放荡不羁的行为，成为流行中的"酷"明星，在年轻一族中极具号召力和影响力，与动感地带时尚、好玩、探索的品牌特性非常契合，可以更好地回应和传达动感地带的品牌内涵，从而形成年轻人特有的品牌文化。

"动感地带"以其独特的品牌主张不仅满足了年轻人的消费需求，吻合他们的消费特点和文化，而且提出了一种独特的现代生活与文化方式，突出了"动感地带"的"价值、属性、文化、个性"。将消费群体的心理情感注入品牌内涵，是"动感地带"品牌新境界的成功所在。

（三）整合的营销传播，以体验之旅形成市场互动

"动感地带"作为一个崭新的品牌，是中国移动的一项长期战略，在进行市场细分与品牌定位后，中国移动大手笔投入了立体化的整合传播，以大型互动活动为主线，通过体验营销的心理感受，为"动感地带"的营销传播推波助澜！

1. 传播立体轰炸

选择目标群体关注的报纸、电视、网络、户外、杂志、活动等，将动感地带的品牌形象、品牌主张、资费套餐等迅速传达给目标消费群体。

2. 活动以点代面

从新闻发布会携手小天王、小天王个人演唱会到600万大学生"街舞"互动、结盟麦当劳、冠名赞助"第十届全球华语音乐榜中榜"评选活动，形成全国市场的互动，并为市场推广形成了良好的营销氛围。

3. 高空地面结合

中国移动在进行广告高空轰炸、大型活动推广传播的同时，各市场同时开展了走进校园进行的相关推广活动，建立校园联盟；在业务形式上，通过开通移动QQ、铃声下载、资费套餐活动，为消费群体提供实在的服务内容，使高空地面相结合。

4. 情感中的体验

在所有的营销传播活动中，都让目标消费群体参与进来，达到产生情感共鸣，特别是全国"街舞"挑战赛，在体验之中将品牌潜移默化地植入消费者的内心，起到了良好的营销效果。

"动感地带"作为中国移动长期品牌战略中的一环，抓住了未来市场的高端用户，但关键在于要用更好的网络质量去支撑，应在营销推广中注意软性文章的诉求，更加突

出品牌力，提供更加个性化、全方位的服务，提升消费群体的品牌忠诚度，路才能走远、走精彩！

分析启示及思考

一、分析启示

中国移动在中国可谓家喻户晓，是中国企业最早进入世界 500 强的企业之一。在信息网络高速发展的今天，它紧紧扣住网络时代的脉搏，吸收世界先进的经营和管理理念，重视品牌建设，以其精确的市场细分和准确的市场定位，提供多样化、优质的产品和服务，赢得了消费者的青睐。它本着不断开拓创新的精神，引领中国通讯业的发展，成为中国民族品牌的骄子、走向世界的典范。

二、问题与思考

1. 通过本案例的学习，请总结出品牌管理模式的主要内容包括哪些方面。
2. "动感地带"品牌市场定位的依据是什么？
3. 简述"动感地带"的品牌主张。

经营秘诀

商场"六易"经商术

这里的"六易"不是中国著名的《周易》，而是一位日本管理专家总结出商店吸引顾客，增加销售的"六易"经商术。

"一易"是商店容易被看到。外观醒目、招牌不要被遮挡、橱窗美观。

"二易"是商店容易进来。店门常开虽好，但容易进灰尘，用自动门最佳。

"三易"是商店内易走动。顾客走动方便，可以从容选购商品，最好有座位供休息。

"四易"是商品容易看见。墙壁颜色与商品要和谐，货架里的商品要在顾客视线所及的范围内，最佳高度为 120～160 厘米。

"五易"是商品容易拿到。开架销售，让顾客能摸到商品，会使其产生选物的快感。

"六易"是商品容易买到。及时进货，不缺不断，给顾客以品种齐全之感，使顾客有继续再来的心理。

（资料来源   武文胜：《MBA 经营奥秘精华读本》，北京，中国社会科学出版社，2004）

第三章 管理篇

▲ 案例 8 ▲

麦当劳的统一管理系统

案例正文

一、麦当劳企业概况

麦当劳（McDonald's），美国企业，主营饮食服务。

麦当劳是由麦克和迪克两位犹太兄弟在 1937 年创建的，但是他们未能预见麦当劳的发展潜力，因此他们将麦当劳的观念、品牌以及汉堡包等产品，卖给从事销售工作的克罗克，让他继续经营。克罗克以独特的行销策略，将麦当劳发扬光大，变成今天规模庞大的企业，成为全球最著名的快餐企业之一，它在全球有 3 万多家分店，每日接待 5 000 万名顾客。

这几年，麦当劳的品牌价值不断上升，1996 年达到 189.2 亿美元，1997 年达到 199.39 亿美元，1998 年达到 261.31 亿美元。在 2004 年公布的世界品牌 100 强中，麦当劳居第二位，仅次于可口可乐。2010 年，在美国《财富》杂志世界 500 强企业排名中，麦当劳位居第 378 位。

二、麦当劳的管理之道——统一管理模式

麦当劳的成功，其最核心的因素是统一管理模式。正因为有了这一模式，才使其规模能够以几何级数扩张，同时又能够实现有效的控制。对于一般的制造商来说，只要中央控制得当，其各生产线都可以制造出相同品质的产品来。但快餐行业作业模式却大不相同，由于产地、人工的不同，生产统一品质的产品就变得非常困难。

早在 20 世纪 50 年代，麦当劳就采取了一套中心管理办法，规范了作业程序，使所有的加盟者能够生产统一品质的产品和提供统一规范的服务，这就是著名的以"QSCV 原则"为核心的统一管理系统。

（一）统一的品牌标志

麦当劳品牌之所以演绎成为最具有价值的品牌之一，一个重要原因是它用色彩组合出了一个独特的品牌标志。1952 年，麦当劳兄弟为了开展特许经营业务，决定请建筑师梅斯顿进行设计，在凤凰城开设一家标准店。对于梅斯顿的设计，麦当劳兄弟认为缺乏起伏变化，就在画稿上画了两个大拱门，但遭到梅斯顿的强烈反对。麦当劳兄弟在权衡之后，既尊重了梅斯顿，又坚持了自己的意见，在梅斯顿建设标准店的时候不设拱门，待完工之后，又请了霓虹灯公司安装上了双向拱门，这不但使建筑看上去生动、富于变化，而且更成了麦当劳店面的象征。这一标志，一直沿用到今天。

麦当劳门口的麦当劳叔叔，也是麦当劳快餐店的主体标志，它为传播麦当劳品牌作出了巨大的贡献。今天，麦当劳叔叔已成为与圣诞老人相媲美的公众形象，深受孩子们喜爱。

（二）QSCV 原则

QSCV 原则是麦当劳统一管理系统的核心，也是标准化管理理念。几十年来，麦当劳始终致力于贯彻这一理念，创造了一个又一个的辉煌。

在 QSCV 原则中，"Q"代表质量（Quality）——质优味美、营养全面；"S"代表服务（Service）——快速敏捷、热情周到；"C"代表清洁（Cleanness）——店堂清洁卫生、环境宜人；"V"代表价值（Value）——价格合理、优质方便、物有所值。

1. 质量

"永远让顾客享受品质最新鲜、味道最纯正的食品"是麦当劳对顾客的承诺。为了保证食品的独特风味和新鲜感，麦当劳制定了一系列近乎苛刻的指标。所有麦当劳食品在送到顾客手中之前，都必须经过一系列周密的品质保证。

无论在国内还是国外，所有麦当劳快餐店使用的调味品、肉和蔬菜的品质都由总店统一规定标准，制作工艺也完全一样。比如，麦当劳汉堡包的脂肪含量应当在 17% ~ 20.5% 之间，并且拒绝使用添加剂；肉饼必须由 83% 的肩肉与 17% 的上等五花肉混制；炸薯条所有的土豆是经过专门培育和精心挑选的，再经过适当的存储时间调整淀粉和糖的含量，薯条炸好后立即卖给顾客，如 7 分钟内未售出就将其废弃。牛肉饼从生产加工至出售到顾客手中必须经过 40 多次的严格质量检查，要求牛肉原料必须挑选精瘦肉，脂肪含量也不得超过 19%，牛肉绞碎后，一律按规定做成直径 98.5 毫米、厚为 5.65 毫米、重达 47.32 克的肉饼。

对各种操作规程和细节，麦当劳也是全世界统一，甚至一切一割，麦当劳都绝对一丝不苟。比如，麦当劳专门研制了切面包的技术，因为切割面包的厚度和温度都会影响成品的品质，所以若切割不匀或不流畅，面包便不可均匀烘焙，大大破坏美味、松脆的口感。麦当劳通过研究得知，面包的厚度为 17 毫米时，进入口中味道最佳；面包中的气泡，在 0.5 毫米时味道最好。于是，所有的面包都切成了 17 毫米厚，面包中的气泡都为 0.5 毫米。与汉堡包一同出售的可口可乐，根据测试在 4℃ 时味道最为甜美。于是，全世界麦当劳的可口可乐温度统一规定保持在 4℃。其他方面的规定更是非常具体：奶浆的接货温度不超过 4℃；任何原料都有保质期，生菜从冷藏库拿到配料台上只有 2 小时的保鲜期，洋葱为 4 小时，过时就要废弃；奶酪的库房保质期为 40 天，上架时间为 2 小时，过时就要废弃；制作好的成品和时间牌一起放到保温柜中，炸薯条超过 7 分钟、汉堡包超过 10 分钟就要毫不吝惜地扔掉。

为了改进设备，促进产品规范化，麦当劳公司早在 1961 年就成立了研制发展部门，购置了先进的机器和电子设备，同时自己也研发设备。薯条电脑的发明就是一个很好的例子。薯条电脑实际上是一个电动探测器，用来推测油锅内的热油什么时候可以回升至三个重要的温度，由此来控制炸薯条的颜色，自这种工具诞生以来，所有的麦当劳餐厅都开始用这种自动烹调器，大大提高了效率，保证了品质的一致性。

2. 服务

每一位员工从进入麦当劳的第一天，就开始练习如何更好地服务顾客。麦当劳全体员工实行快捷、准确和友善的服务。

美国的高速公路四通八达，为了满足大批旅客有休息和吃饭场所的需要，麦当劳公司在高速公路两旁和郊区开设了许多分店，并在距离店铺不远的地方装上许多通话器，上面标着醒目的食品名称和价格。外出游玩和办事的乘客经过时，只需要打开车窗门，向通话器报上所需的食品，车开到店铺边侧小窗口时，就能顺利取货，并可马上驱车赶路。同时，快餐店竭尽全力在"快"字上下工夫，要在 50 秒钟以内制作一块牛肉饼、一盒炸薯条和一杯饮料。为了让乘客携带方便，把汉堡包和炸薯条装进塑料袋或纸袋里，并将塑料刀、叉、匙、餐巾纸、吸管等用纸袋包好，随同食物一起交给乘客。在饮料杯也预先划好十字口，以方便顾客插入吸管。

微笑是麦当劳的特色，所有服务人员都谦恭有礼、面露微笑地和顾客交谈、为顾客服务，让顾客感觉满意。餐厅内的设备先进便捷，外卖部提供各类消毒的食品包装，干净方便。餐厅布置典雅，播放轻松的乐曲，顾客在用餐之余还能得到优美的视听享受。

餐厅还专门为小朋友准备了漂亮的高脚椅和精美的小礼物，也为顾客举办各种庆祝活动，为小朋友举办欢乐生日会和安排免费店内参观，为团体提供订餐及免费送餐等服务。

有些餐厅为方便儿童，专门配备了小孩桌椅，设立了"麦当劳叔叔儿童天地"，甚至还考虑了为小孩换尿布等问题。

3. 清洁

麦当劳员工行为规范中规定：男士必须每天刮胡子，修指甲，随时保持口腔清洁，经常洗澡，工作人员不留长发；女士要带发网。

麦当劳规定：餐馆内不许出售香烟和报纸；器具全部都是不锈钢的，每隔一天擦洗一遍。餐厅还要求：顾客一走便要清理桌面，凡是丢落在客人脚下的纸片要马上捡起来；上岗操作必须严格洗手消毒，用水槽的温水把手淋湿并使用麦当劳杀菌洗手液，刷洗手指间和指甲，两手一起搓揉至少 20 秒钟，彻底清洗，再用烘干机把手烘干；手在接触头发、制服及其他任何东西后，都要重新洗手消毒。

此外，玻璃要每天一擦，保持干净透明；停车场要每天喷水，保持湿润整洁；垃圾桶每天刷洗，不留隔夜污渍；天花板每星期必须打扫一次；各个岗位的员工用消毒抹布和其他清洁工具进行清洁，以保证麦当劳餐厅里里外外整洁干净；所有餐盘、机器都要在打烊后彻底拆洗，清洁消毒。

4. 价值

麦当劳的价值理念是"提供更有价值的高品质物品给顾客"。所谓价值，就是说要价格合理、物有所值。虽然麦当劳已经很成功，但仍然需要适应社会环境和需求的变化，否则无法继续生存，所以麦当劳开始强调"V"，意即要附加新价值。

麦当劳的食品讲究味道、颜色、营养，价格与所提供的服务一致，让顾客吃了之后感到真正是物有所值。同时，麦当劳还尽力为顾客提供一个宜人的环境，让顾客进餐之余得到精神上的放松，这是无形的价值。麦当劳相信这样一个理念：如果你花了一毛钱却不能解决问题，那么一毛钱就是贵的；而如果你花了一百块钱把问题解决了，那么一百块钱也是便宜的。

（三）科学的管理

麦当劳的管理相当规范，一切按制度行动，小到洗手有程序，大到管理有手册，具体规范包括：

1. 麦当劳营运训练手册

麦当劳营运训练手册详细说明了麦当劳政策、餐厅的各项工作程序、步骤和方法。几十年来，麦当劳管理层不断丰富和完善营运训练手册。

2. 岗位工作检查表

麦当劳把餐厅服务组的工作分成 20 多个工作站，每个工作站都有一套岗位工作检查表。在岗位工作检查表上，详细说明在工作站时，应事先准备和检查的项目、操作步骤、岗位职责、岗位注意事项等，员工进入麦当劳后将逐步实习各个工作站。通过在各个工作站的实习，表现突出的员工将会晋升为训练员，由训练员训练新员工，训练员中表现好的就会晋升到管理组。

3. 袖珍品质参考手册

麦当劳管理人员人手一册，该手册中详细说明各种半成品接货温度、储存温度、保鲜期、成品制作温度、制作时间、原料配比、保存期等与产品品质有关的各种数据。

4. 餐厅经理管理发展手册

麦当劳依靠餐厅经理和员工把麦当劳的"QSCV 原则"传递给顾客。餐厅经理和员工的训练非常重要，所有的经理都从员工做起，必须高标准地掌握所有基本岗位操作并通过工作岗位检查。

餐厅经理管理发展手册一共四册。手册采用单元式结构，循序渐进，既介绍麦当劳各种管理方法，也布置大量作业，让学员阅读营运训练手册和实践。与管理发展手册相配合的还有一套经理训练课程，包括基本营运课程、基本管理课程、中级营运课程、机器操作课程、高级营运课程等。

5. 公共关系发展

麦当劳不仅有一套严格的产品质量标准和工作标准，还特别强调在员工中建立起大家庭式的工作环境。公司内部从总经理到一般员工都直呼其名，全体员工注重沟通与团结合作。

餐厅每月召开几场员工座谈会，充分听取员工意见。餐厅每月评选最佳员工，邀请最佳员工家属来餐厅参观和就餐。每年举行岗位明星大赛，选拔出各岗位的明星，并组织明星队到其他城市的麦当劳去支援和比赛。餐厅每月公布过生日的员工名单，并以一定的形式祝贺他的生日。

（四）严格的采购程序

麦当劳的口号是：不论你在世界哪个地方，只要走进麦当劳餐厅，汉堡包或巨无霸的味道都"只有一种风味"，这同时也是麦当劳的品牌价值所在。

原材料的标准化是保证产品一种风味的前提条件。为此，麦当劳有一套自己的采购系统。按规定，餐厅所需原材料必须由麦当劳分销中心提供，不能随意在市场上采购，而分销中心的原材料则由指定的厂商提供。比如，北京麦当劳餐厅所需的200多种原材料由指定设在北京的专门分销中心提供。麦当劳在北京的供应商有几十家，包括百麦公司、卡夫公司、辛卜劳公司等。

为了对厂家的原材料进行质量检查和监督，麦当劳制定了严格的采购标准。发现不合格产品立即退回并责令其更正，如果在限期内仍达不到要求，厂家的供应商资格就会被停止。麦当劳提出与厂家建立一种"打开账本、共同成长"的关系，以保证供应渠道的顺畅。这一关系要求双方对供应商的财务进行共同监督，共同控制产品成本，共同谋利。事实上，很多麦当劳的供应商都是老客户，双方合作关系非常牢固。

作为麦当劳的主要采购品——薯条，麦当劳对它的要求是：芽眼浅、果型长，含糖量达到一定的标准，过高或过低都不会要。比如，在北京附近建立的辛卜劳农场，聘请了农业专家，引进美国先进的农业机械，实现了大规模生产。

（五）完善的加盟管理

如果想加盟麦当劳，在中国约需800万元人民币加盟费，加盟者还必须具备独立财务资格而不能是筹集资金的合伙人，同时麦当劳不提供任何财务支持。对于中国人来说，麦当劳较高的加盟要求，尤其是短期内无法盈利的状况与肯德基的加盟风险为零相比，其吸引力就弱了一些。

尽管如此，麦当劳仍然吸引着世界上无数企业加盟。

麦当劳的加盟方式有特许连锁店和合资经营两种。麦当劳在全世界70%的分店是特许连锁店，特许商要同麦当劳签订一个20年的合同，保证向麦当劳上缴其销售额的4%作为特权使用费，销售额的4%用做广告费，外加8.5%或更多的比例的销售额作为品牌出租费，这就意味着加盟收入1美元，就要拿出16美分。

在亚洲市场上，麦当劳则喜欢进行合资经营，一般是双方各占50%的投资方式。这种合资形式可以使麦当劳打入合资伙伴的圈子，并让麦当劳的经营本地化。如日本的1 000多家分店，就是与1位亿万富翁合资经营的。

据估计，大约每间隔15小时，麦当劳一家新的分店就会出现在地球上。为此，麦当劳被认为是世界上最成功的特许经营组织。在中国，麦当劳一般与中粮公司合作。在北京，麦当劳的合作方是北京农工商总公司。自麦当劳在北京建立第一家快餐店以来，与 50 多个供应商一共投资了 3 亿多美元，但仍然没有盈利。麦当劳在中国的起步成本很高，而公司注重长远利益，并没有将利润放在第一位，而是谨慎地开发市场，尽心维护品牌的持久传播。

（六）严格的监督管理

为了使各加盟店都能够达到令消费者满意的标准化服务水平，麦当劳公司建立了严格的检查监督制度：一是在选定的分店每年进行一次抽查；二是公司总部的检查；三是常规性月度考评。

对每个分店的一年一次的检查主要由地区督导主持，主要检查现金库存、人员、各项总部统一检查和全面营运评价表等；公司总部的抽查资料有分店的账目、银行账户、月报表、现金库和重要档案等。地区督导经常以普通顾客的身份考察食品的温度、新鲜度、味道、天花板、地板、墙壁、桌椅等是否整洁卫生以及柜台服务员为顾客服务的态度和速度等。

企业的经营模式决定着企业成败。在麦当劳这么一个庞大的跨国连锁集团内，一切遵照连锁中心的指示，一切按照手册来办。质量、服务、清洁的标准和目标从来都一成不变，麦当劳之所以成就它的百年品牌，正是因为这种统一的管理方式和统一执行的力度。

分析启示及思考

一、分析启示

作为全球最著名的快餐企业，麦当劳成功的最核心因素是其统一管理模式。正因为有了这一模式，才使其规模能够成几何级数扩张，同时又能够实现有效的控制。早在 20 世纪 50 年代，麦当劳就采取了一套中心管理办法，规范作业程序，使所有的加盟者了解并照此办理，这就是著名的以"QSCV 原则"为核心的统一管理系统，也是标准化管理理念。几十年来，麦当劳始终致力于贯彻这一理念，创造了一个又一个的辉煌。麦当劳不仅是快餐业，也是连锁企业经营的典范。它的规范服务、统一的管理、科学的程序和严格的监督方法是我国连锁企业学习和借鉴的榜样。

二、问题与思考

1. 通过麦当劳企业的成功案例，分析总结统一管理模式的含义及意义。
2. 连锁经营的基本模式有哪些？
3. 请结合案例，分析麦当劳的统一管理给我国中式快餐带来的启示。

财富故事

不达百万不罢休

也许你很难相信，美国当代著名的投资家巴菲特从小就很有经营头脑。5 岁的时候，巴菲特就开始在家中摆地摊兜售口香糖了。稍大一点，他就带领小伙伴们去球场捡别人用过的高尔夫球，然后转手倒卖，生意还真不错，曾被小伙伴们称为"小孩老板"。

巴菲特的父亲是股票经纪人，家中关于股票的书籍自然很多，说来奇怪，面对这些枯燥乏味的书籍，巴菲特却看得津津有味，而且百看不厌。11 岁的时候，他买下了生平第一只股票——城市服务特别股。第一次尝到了低进高出的甜头。

巴菲特非常勤奋，13 岁就做起了业余报童，并用积攒下来的钱买了几台二手的弹子机放到一家理发厅里，第一次开始了他的实业投资。不久，他就拥有了 7 台弹子机，并达到了每月 200 美元的收入。可以说从小学到大学，巴菲特一直没有间断过投资，并且不断地获利，应该说，巴菲特表现出了惊人的投资天赋。

25 岁那年，巴菲特发下了著名的誓言："不达百万不罢休。"那时的巴菲特仅有 15 万美金，离百万这个目标非常遥远，但他坚信，只要这样干下去，既定的目标一定会实现。巴菲特与人合伙开了一家"巴菲特有限公司"。创业之初，巴菲特非常谨慎，在不到一年的时间里，他硬是靠着自己天才的经营，便拥有了 5 家合伙人公司。巴菲特说，他那时的成功应该归功于在资料中寻找低于其内在价值的廉价股票，然后将其买进，等待价格攀升卖出。正是这些不为人知的投资秘诀，给其带来了丰厚的利润。1962 年，巴菲特终于实现了自己的愿望，个人资产突破了百万美元。

2000 年 9 月，以投资股票起家的巴菲特终于进入了美国亿万富翁的行列，并被《福布斯》杂志排行在第二位。这位极富投资天赋的投资家叱咤金融领域 30 多年，他非凡的创造能力和决策能力成就了他从 100 美元起家到现在拥有 230 亿美元的庞大王国，使他成为当今世界上当之无愧的投资大王。

（资料来源　武文胜：《MBA 经营奥秘精华读本》，北京，中国社会科学出版社，2004）

案例 9

微软公司独特的企业文化

案例正文

一、微软公司概况

微软（Microsoft）公司，美国企业，主营计算机软件业务。

微软公司创建于 1975 年，总部设在雷德蒙市。目前，微软公司是全球最大的电脑软件提供商，现有雇员 6.4 万人，2010 年位于《财富》杂志世界 500 强排行榜的第 115 位。其主要产品为 Windows 操作系统、Internet Explorer 网页浏览器及 Microsoft Office 办公软件套件。1999 年推出了 MSN Messenger 网络即时信息客户程序，2001 年推出 Xbox 游戏机，参与游戏终端机市场竞争。

微软公司于 1992 年在中国北京设立了首个代表处。此后，微软在中国相继成立了微软中国研究开发中心、微软全球技术支持中心和微软亚洲研究院等科研、产品开发与技术支持服务机构。微软在华的员工总数有 900 多人，形成以北京为总部，在上海、广州设有分公司的架构，微软中国成为微软公司在美国总部以外功能最为完备的子公司。

二、微软公司的管理之道——独特的企业文化

一个企业的文化和价值观是它的精神、思维方式和行为方式，是企业全体成员在生产经营活动过程中形成的一种行为规范和价值观念。

微软公司的价值观既是公司二十多年来在工作实践中长期积累的精神财富，也是公司根据竞争环境的需要不断调整、不断完善的结果。微软公司今天的价值观主要包括：诚实和守信；公开交流，尊重他人，与他人共同进步；勇于面对重大挑战；对客户、合作伙伴和技术充满激情；信守对客户、投资人、合作伙伴和雇员的承诺，对结果负责；善于自我批评和自我改进、永不自满等。

以上这些价值观不仅仅是纸面上的文字，微软公司在日常工作中也时刻注意提醒员工遵守这些基本的工作准则，并要求员工把这些价值观转换成可以付诸实践的具体目标。有了这些价值观的帮助，微软公司的员工可以进一步增强对微软企业文化的认同，可以在工作中发挥更大的潜力。

在微软的文化和价值观中，有五点对微软的成功最有帮助，即：充满激情、迎接挑战；自由平等、以德服人；自我批评，追求卓越；责任至上、善始善终；虚怀若谷、服

务客户。

（一）充满激情、迎接挑战

微软公司的经营宗旨是随着时代的发展而不断变化的。同样，微软的企业文化也在不断地完善和发展。最能体现微软企业文化精髓的是比尔·盖茨的一句话："每天清晨当你醒来时，都会为技术进步及其为人类生活带来的发展和改进而激动不已。"

也就是这样的雄心壮志让微软一次又一次地向最困难的目标发起挑战。当 DOS 刚刚取得成功时，微软就果断地决定要取代自己的成功产品，开始发展 Windows。当 Windows 还远远没有成型时，微软又决定花大量的资源做 Windows 版本的 Word 和 Excel。那时，DOS 版本的 Word 和 Excel 远远落后于竞争对手，而微软却把更大的投资放到 Windows 版本上，这等于是加倍了在 Windows 上投入的赌注。回顾这样的大手笔、大挑战，一位经理说："如果 Windows 失败了，现在就没有微软这个公司了。"在成功推出 Windows 之后，微软在 Office、Windows NT、Internet、.NET 等机会来临时，一次又一次地"把公司当赌注"，并一次又一次地在重重挑战之下给公司带来了新的生命力。

公司不畏挑战的精神，可以从微软前景目标的演变中看出来。多年前，微软公司的前景目标是"让每张桌上都有一台个人电脑"。现在看来这个目标并不稀奇，那时这是一件令人难以想象的事。在上述目标已经基本成为现实的今天，微软公司又有了新的前景目标，那就是"通过优秀的软件（在任何时间、任何地点、通过任何设备）帮助人们发挥潜力"。微软公司认为，人的潜力需要借助有效的工具才能淋漓尽致地发挥出来，而代表现代社会信息化进程的计算机以及优秀的软件产品就是这样可以帮助人们充分展示创造力和工作热情的工具。

公司一次次地面临重大挑战，一次次地推出成功产品，不断地改变着人类的生活。这一切都极大地鼓舞了公司员工的士气，带给他们高度的满足感，让每一个员工"为人类生活带来的发展和改进"、"为帮助人们发挥潜力"而激动不已。

（二）自由平等、以德服人

微软公司放权给每一个人主导自己的工作。公司没有"打卡"的制度，每个人上下班的时间基本上由自己决定。

公司支持人人平等，资深人员基本上没有特权，依然要自己回电子邮件、自己倒咖啡、自己找停车位，每个人的办公室基本上都一样大。有一次，一些从中国到微软访问的教授在等待听 Jim Gray（发明数据库的著名科学家，图灵奖的获得者，加州研究院的院长）的演讲时，看见一个满头华发的老人趴在地上接电线，还以为他只是一名老工人。等他站起来时，大家却惊讶地发现，他就是演讲者 Jim Gray。这些教授都很震惊，没想到连 Jim 这样的人都亲自动手接线装电脑。微软就是这样一个崇尚技术、人人平等的公司。

公司主张施行"开门政策"，也就是说，任何人可以找任何人谈任何话题，当然任何人也都可以发电子邮件给任何人。一次，有一个新员工开车上班时撞了比尔·盖茨停着的新车。她吓得问老板怎么办，老板说："你发一封电子邮件道歉就是了。"她发出电子邮件后一小时之内，比尔不但回信告诉她别担心、只要没伤到人就好，还对她加入公司表示欢迎。

一个平等的公司环境可以降低公司内部的信息阻塞，增加所有员工的主人翁精神，还能更早地发现公司在发展中遇到的问题。平等的公司环境可以说是微软发展的必备平台。

（三）自我批评、追求卓越

微软文化的一大特色就是自我批评。在科技飞速发展的今天，不愿意批评自己，不承认自己的错误，不追求卓越的公司将面临灭亡。

一个刚加入微软的市场经理去参加一个商品展。回来后，他兴高采烈地发了一封电子邮件给整个产品小组。他说："我很高兴地告诉大家，我们在这个展览上获得了令人振奋的成绩。十项大奖中我们囊括了九项。让我们去庆祝吧！"他没想到的是，在一个小时内，他收到了十多封回信。大家问他："没得到的是哪一个奖？为什么不告诉我们？为什么没得到那个奖？我们得到什么教训？明年怎么样才能得到这第十个奖？"在那一刻，这个经理才理解了微软为什么会成功。

自我批评在公司早已被系统化。每一个产品推出后，会有一段特别时间空出来给产品团队做"post-mortem"，也就是系统化的"自我批评"。所有小组成员都会被询问，什么地方可以做得更好，每一个动作和决定都会被分析，结果将在公司公布，以帮助别的小组避免同样的问题，让公司的项目能越做越好。

比尔·盖茨鼓励员工畅所欲言，对公司的发展、存在的问题，甚至上司的缺点，毫无保留地提出批评、建议或提案。他说："如果人人都能提出建议，就说明人人都在关心公司，公司才会有前途。"微软开发了满意度调查软件，每年至少做一次员工满意度调查，让员工以匿名的方式对公司、领导、老板等各方面作评价。其中有选择题（例如：我对我的副总裁有信心。以下选一：非常同意、同意、无意见、不同意、非常不同意），也有问答题（例如：你对公司战略有什么建议？）。每个经理都会得到多方面的评价和客观的打分。比尔、史蒂夫、其他高层领导和人事部门都会仔细地研究每个组和经理的调查结果，计划如何改进。

除了自我批评，还要有能接受别人批评的胸怀和改变自己的魄力。1995年，当比尔·盖茨宣布不涉足互联网领域产品的时候，很多员工提出了反对意见。其中，有几位员工直接发信给比尔说，你这是一个错误的决定。当比尔·盖茨发现有许多他尊敬的人持反对的意见时，又花了更多的时间与这些员工见面，最后写出了《互联网浪潮》这篇文章，承认了自己的过错，扭转了公司的发展方向。同时，他把许多优秀的员工调到互联网部门，并取消或削减了许多产品，以便把资源调入互联网部门。那些批评比尔·盖茨的人不但没有受处分，而且得到重用，今天都成了公司重要部门的领导。在软件这个市场变化迅速的领域，调整企业方向对微软至关重要。从这个例子中我们看到的是：平等的环境、直接的沟通、宽大的胸怀、宏大的魄力拯救了公司。

（四）责任至上、善始善终

公司和领导者有了关注的目标之后，还要有足够的责任心，才能把事情做好。微软公司要求每一个部门、每一个员工都要有自己明确的目标，而且这些目标必须是

"SMART" 的，也就是：

- S——Specific（特定的、范围明确的，而不是宽泛的）
- M——Measurable（可以度量的，不是模糊的）
- A——Attainable（可实现的，不是理想化的）
- R——Result-based（基于结果而非行为或过程）
- T——Time-based（有时间限制，而不是遥遥无期的）

只有每个人都拥有了明确的目标，并可以随时检查自己是否达到了预先设定的目标，公司员工才能在工作中体现出强烈的责任感和工作热情。

微软公司要求部门和员工制定的目标必须是可分享的，即：每个人都应当通过某种渠道，如公司的内部网站等将自己的目标公布出来（当然，某些需要保密的工作目标除外）。这样，当某位员工对领导或其他员工的工作方式不理解的时候，就可以去查看对方的工作目标，以寻求最好的沟通和理解。

除了针对目标、结果的负责，公司更需要在决策方面有负责的框架。在微软的"决策制定框架"下，每一项重要决策都有一定的制定流程和人员角色划分；每一个决策流程的推动人很自然地就是决策的责任人；对该决策有支持和认可权利的人是决策的审批者；对该决策进行核查、提出支持或反对意见的人是决策的复核者。在整个决策流程中，虽然复核者可提出反对意见，但审批者仍拥有决策的最终决定权。有了这样的框架，公司的决策流程更加清晰，人员责任更加明确，决策不会被轻易拖延或推翻，决策的效率也大大提高了。

（五）虚怀若谷、服务客户

微软公司对技术相当重视，对合作伙伴和客户也同样重视。作为软件平台公司，合作伙伴和客户都是公司的命脉。微软公司在价值观中强调，所有员工都要信守对客户和合作伙伴的承诺，而且在产品研发过程中，不仅要考虑到产品的技术特性，还更要关注客户和合作伙伴最需要的功能。

微软的大企业产品部鼓励每一个员工在加入公司的前几个星期到技术支持中心工作，帮助客户解决问题。无论一位员工的资历有多深，公司都希望他经过最基层技术支持工作的锻炼，能理解客户的困难。大企业产品部的员工如果以前没有做过技术支持工作，在公司就没有晋升某一级别的机会。

除了要求员工悉心聆听客户意见之外，微软的软件也会自动收集客户的反馈意见。多年前，当 Office 开发者无法决定该把哪些功能放进常用工具栏时，Office 的程序员制作了一套特别的 Office 软件。这套 Office 软件在用户允许的情况下，记录用户最常用的功能，传送到微软。最后，借助这些统计数据，开发者就可以决定什么样的用户界面才会对大多数用户有利。今天，微软把这个技术加入了所有的产品。任何微软的软件碰到问题时会搜集数据，并在用户的允许下经过网络把这些数据传到总部的服务器，以帮助开发人员诊断和测试软件。有了这样的技术，Windows XP 推出一个月后，微软就把用户碰到的一半问题都解决了，然后再通过网络自动帮助所有合法用户升级软件。此类工作集中体现了公司的创新精神以及借助软件技术解决问题的能力，当然也体现了公司悉心聆听客户意见的决心。

分析启示及思考

一、分析启示

　　一个企业的文化和价值观是它的精神、思维方式和行为方式，是企业全体成员在生产经营活动过程中形成的一种行为规范和价值观念。微软公司的价值观既是公司二十多年来在实践中长期积累的精神财富，也是公司根据竞争的需要不断调整、不断完善的结果。在微软的文化和价值观中，以下五点对微软的成功最有帮助：充满激情、迎接挑战；自由平等、以德服人；自我批评，追求卓越；责任至上、善始善终；虚怀若谷、服务客户。

　　企业文化建设一直是我国企业的薄弱环节，也是我国企业与世界大型企业重要的差距所在。对快速发展的中国企业来说，要实现可持续和国际化发展，重视和加强企业文化建设是其必经之路。微软企业文化建设的成功经验，对我国企业具有重要的指导意义。

二、问题与思考

　　1. 通过本案例的学习，分析企业文化对企业的重要性。
　　2. 通过本案例的学习，分析微软企业文化的独特性在哪里。

财富故事

从小裁缝到亿万富翁

　　皮尔·卡丹是法国服装大师，也是世界服装设计大师，他名传天下，誉满全球，被誉为"超人"。

　　皮尔·卡丹的成功几乎是一个神话。谁能将自己的"帝国"总部设在总统府的旁边呢？卡丹能！卡丹的"帝国"总部就设在法国总统府——爱丽舍宫的旁边。

　　皮尔·卡丹出生于意大利，为了躲避战乱，举家流浪到法国。卡丹的童年，是在贫寒和苦难中度过的。他14岁时被迫辍学，在一家小裁缝店当了一名学徒。正是这个经历，奠定了卡丹以后成为大师的坚实基础。可以说，卡丹生来就是服装设计和制作的天才，仅仅不到两年的工夫，他的手艺就超过了师傅，并有了一些名气。卡丹借助这点名气，开始大胆地实践服装设计，他设计的服装别出心裁，样式新颖，很受一些小女孩们的喜欢，很多人上门来请他设计女装。在裁缝店工作期间，卡丹为了开阔视野、激发设计灵感，晚上就到一个业余剧团当临时演员，舞台服装新奇高雅、款式多样，给他留下了难以磨灭的印象，并对他以后的设计风格产生了深远的影响。

　　日渐成熟的卡丹因对现状不满，前往巴黎。因为战争的缘故，卡丹在巴黎沦落为一个流浪汉，直到在一家小酒吧里碰到一位伯爵夫人，并经这位伯爵夫人的介绍，他找到了当时颇有名气的帕坎女式时装店，才开始了他富有创意的时装设计生涯。在以后的岁月里，卡丹不断地变换着工作，听说哪家服装店的服装设计师有名气，他就去哪家工作，而每一次对他来说都是一个很大的进步。由于勤奋好学，他的设计水平快速提高。20 世纪 50 年代，卡丹利用自己多年省吃俭用的积蓄，购买了一家缝纫工厂，从此拥有了自己的公司。不久，卡丹就在巴黎举办了一次属于他个人风格的时装展览会，一鸣惊人。各家报纸都纷纷报道展览会的盛况，所有的展览服装都被抢购一空，订单像雪片一样地飞来。卡丹设计的服装震动了巴黎时装界。

卡丹素以大胆突破而著称，他将自己的精湛技术和艺术修养以及对布料的理解融为一体，以其独特的款式突破传统、引领时尚。独特的设计理念，使他一直走在巴黎服装设计领域的前列，并取得了众多的荣誉，他曾三次荣获法国服装设计的最高奖——金顶针奖，从而奠定了他作为世界服装大师的地位。卡丹设计的许多服装都以自己的名字作为品牌，这些服装至今畅销不衰。

作为服装设计师的卡丹，以其精明的商业头脑，很快在服装之外又找到了自己另一片天地，他开辟了一个多种商业的网络。他涉足餐饮、巧克力、卫生纸、地毯、涂料、化妆品、香水、手表、打火机、眼镜等诸多行业，他的企业遍布全球。1993 年，他在北京开设了合营的法式餐厅。卡丹还是世界上唯一拥有自己银行的服装设计师。

当被问及他如何从一个小裁缝成为亿万富翁时，他平静地说："我所有这一切都是用每天工作 18 个小时的代价换来的，我的娱乐就是我的工作。"

（资料来源　武文胜：《MBA 经营奥秘精华读本》，北京，中国社会科学出版社，2004）

▲ 案例 10 ▲

IBM 公司的管理之道

案例正文

一、IBM 公司概况

国际商业机器公司（International Business Machines Corporation，IBM）是一家拥有40 万中层干部，520 亿美元资产的大型企业，其年销售额达到 500 多亿美元，利润为70 多亿美元。它是世界上经营最好、管理最成功的公司之一。在计算机这个发展最迅速、经营最活跃的行业里，其销量稳居世界之首，在《财富》杂志评选出的美国前 500家公司中一直名列前茅。IBM 创建于 1911 年，目前在世界 132 个国家和地区设有子公司和营业点，拥有 39 个生产厂、3 个基础研究部、22 个产品研究所和 13 个科学中心。它的主要产品反映了当代尖端技术发展的水平。IBM 在 2010 年《财富》杂志世界 500强排行榜中名列第 48 位。

二、IBM 公司管理之道

20 世纪 70 年代末以来，科学技术发展突飞猛进，特别是在微电子技术领域，产品更新周期日益缩短，平均不到三四年就有新产品出现。电子计算机市场竞争处于白热化程度，许多资本、技术雄厚的企业纷纷染指这一虽有较高风险但很有发展前途的领域。IBM 作为一个专门制造和销售电子计算机的跨国公司，一时面临着强手如林的局势。IBM 的领导体制改革在很大程度上揭示了在新技术革命条件下竞争环境对企业领导体制的要求。

当时，对 IBM 威胁最大的要数美国阿姆达尔公司。该公司推出了 H/200 插接兼容机，只要更换一下插头，就可以与 IBM/1400 互换，由于 H/200 的运算速度比 IMB/1400 快两倍，价格便宜 5%，从而直接威胁着 IBM 市场地位。IBM 因不能立即拿出新产品对抗，只好凭借雄厚资金以降价战略实施反击，其结果使资金不足的阿姆达尔公司陷入困境。但是，阿姆达尔公司很快又找到了出路，它与资金充足的日本计算机制造商富士通联合起来，并推出新产品 470v/7 同 IBM 抗衡。与此同时，日立、三菱、日本电气等制造电子计算机的厂商也联合起来，积极开发新产品，向 IBM 发起新挑战，致使IBM 有失去市场主导权的危险。要扭转这一被动局面，只有尽快开发出新一代产品。

为此，IBM 不得不考虑如何建立一套有利于开发创新的领导体制，激发公司的活力，以适应激变的竞争环境，争取全局的主动权。IBM 是一个以制造和销售大型电子计算机为主的公司，市场需求日益扩大的小型计算机和微电脑市场则被日本厂商和美国国内其他厂商所控制，这一新变化对 IBM 造成了新的威胁。IBM 决心进军小型机和微电脑领域，进行全面战略反攻，矛头直指日本富士通，力图拿下小型机和微电脑市场的王位。IBM 领导体制改革，正是为了实施其战略反攻的要求。1982 年，IBM 董事长卡里曾明确提出：要以对日战略为中心进行组织改革，集中全力对付日本富士通和日立制作所等对手。他认为："只要能够对付来自日本的挑战，那就可能战胜世界上任何国家的挑战。"然而，雪上加霜的是，美国电话电报公司（AT&T）在这一时期进行了拆分改组，开始进入计算机领域；欧洲经济共同体的计算机制造业也迅速发展起来，在西欧市场上采取统一政策与 IBM 相对抗。

面对着国内外新增的劲敌，特别是同时受到来自日本、欧共体和美国国内三方面挑战的压力，IBM 不得不从整体上进一步调整原先的战略。在 1983 年，提出 80 年代的新战略，主要包括 4 个方面的重要目标：①在情报产业的所有领域都能实现同行业的增长率。②在所有领域都要证明 IBM 的产品在技术的价值和质量方面的卓越性，并发挥领导作用。③在生产、销售、服务和管理的所有业务活动上，实现最高的效率。④确保企业成长所需要的高利润，以便在世界信息处理产业中建立起牢固的地位。要实现这一新的战略目标，必须按照专业化、效率化、科学化、民主化和智能结构合理化的要求，调整和改革领导体制。1983 年，卡里主动辞去董事长的职务，到董事会经营委员会担任议长，推荐奥佩尔总裁任董事长，艾克斯任总裁。于是，按照既定战略要求，IBM 开始了历史上从未有过的大规模领导体制改革，着手建立 20 世纪 80 年代的"现代经营体制"。

IBM 的领导体制改革过程，大致上分成三个阶段：第一阶段，进行组织改革试点，在公司设立"风险组织"；第二阶段，全面调整与改革总公司的领导组织，形成新的领导体制；第三阶段，调整与改革子公司的领导体制。IBM 先后建立了 15 个专门从事开发小型新产品的"风险组织"。这种拥有较大自主权的相对独立的组织有两种形式：一是独立经营单位（IBU），二是战略经营单位（SBU）。IBM 将这一组织形式运用于个人电脑开发，仅用了 11 个月就完成了通常需要 4 年的从研制到生产的全过程。1984 年，IBM 个人电脑销售达 50 亿美元，占公司总销售额的 10%，占美国市场的 21%。"风险性组织"的试验成功，使 IBM 得到启发：现代大企业必须重视分权管理，同时要加强战略指导。

1983 年，IBM 开始着手改组最高决策层和总管理层，新建战略领导体制。①改善最高决策组织。把原来仅由董事长和总裁两人组成的企业办公室与作为协议机构的经营会议合并改组为企业管理办公室，使正式成员由原来的 6 人增加到 16 人，新增成员有董事会经营委员会议长、副董事长、常务副总裁、主管科学组织和研究开发的副总裁以及地区总公司经理。这一改组是为了吸收更多的人参与最高决策，从而改进决策层治理结构，加强集体决策机制。②建立政策委员会和事业营运委员会。政策委员会由董事长、总裁、副董事长和 2 名常务副总裁组成，负责长期战略决策。事业营运委员会由参加政策委员会的 1 名常务副总裁负责，外加主管公司计划财务的副总裁、分管事业部门的常副总裁及分管地区总公司的常务副总裁和其他副总裁等 10 人组成，负责短期战略决策。政策委员会是企业管理办公室决策的战略指导核心，事业营运委员会是企业管理办公室决策的战略指导核心，事业营运委员会是企业管理办公室的决策机构。③调整总管理层。IBM 的行政指挥系统共由四级组成：总公司—事业部组织（执行部）和地区性公司—事业部和地区子公司—工厂。其中，总公司、事业部组织和地区性公司属总管理层。总公司管理层的改组，是通过成立企业管理办公室、政策委员会和事业部营运委员会完成的。改组中，IBM 突出了信息和通讯事业部的重要地位，并按专门化、效率化等原则对下属事业部进行的增减、合并或调整，强调了向个人计算机、中小型计算机通讯系统产品发展的新方向。

IBM 原有 3 个地区性公司：IBM 世界贸易总公司、IBM 世界贸易美洲—远东公司和 IBM 世界贸易欧洲—中东—非洲公司，分别由 IBM 贸易总公司统一协调，管理着 130 多个国家和地区的子公司。这些子公司并列接受地区性公司指挥，没有中间领导层次，管理跨度很大。改组后，IBM 根据地区、市场和产品专业化等情况建立自主经营的事业体，把各国的子公司合理集中起来，以加强指导管理。例如，IBM 世界贸易欧洲—中东—非洲公司的 85 个国家和地区的子公司改组为 5 个事业体；IBM 世界贸易美洲—远东公司的 46 个国家和地区的子公司重组为 3 个事业体、亚洲和太平洋集团（亚太集团）、加拿大 IBM 以及中南美洲 IBM。IBM 在建立新的领导体制和改组原有地区公司的基础上，枳极实行管理授权与分权，分层次有秩序地扩大授权范围和推进分权管理。一是给总公司事业营运委员会以较大的自主权，使它能根据市场需要能动地发展风险事业；二是允许某些事业部扩大销售职能，如新建的信息系统组增设了地区销售部；三是对新地区事业体采取分散化管理原则，使它在开发、生产和销售等方面比原子公司具有更大的经营自主权，以提高竞争能力；四是授予亚太集团的战略事业体的核心主力（日本 IBM），在组织上和经营上的完全自主权，并由总公司派出得力的副总裁直接担任最高领导，发挥亚太集团特别是日本 IBM 在实现公司战略中的排头兵作用。

奥佩尔的这些改革与放权措施在 IBM 历史上是很少见的。通过调整、改组、改革和授权，把分散的子公司适当集中，对集中起来的事业体实行分散管理。IBM 不仅建立起了一个战略领导体制，而且形成了一个集中与分权相统一的管理体制，从而使它有可能用集中决策与分散经营相结合等方式来适应激变的市场环境。为了提高领导体制的适应性，IBM 还进一步改善了其支持系统。①健全咨询会议和董事会下的各种委员会，聘请社会名流参加咨询、担任董事、组成有威望的咨询班子、工作班子和监督班子。②严格执行业务报告制度，建立评价与指标系统。③实行"门户开放"政策，建立"进言"制度。董事长和总裁敞开办公室大门，欢迎职工来访；设立保密意见箱，鼓励下属直言上诉。④坚持 IBM 的宗旨，即"尊重"、"服务"、"追求卓越"。IBM 的大规模领导体制改革，主要是在 1983—1984 年完成的。公司认为：战略可以变，组织可以改，而宗旨永远不能改变。IBM 支持系统的改善，开通了信息渠道，提高了决策效率，从而使领导体制具有较好的适应性。

IBM 公司追求卓越，特别是在人才培训、造就销售人才方面也取得了巨大的成功。IBM 公司绝不让一名未经培训或者未经全面培训的人到销售第一线去。如果准备不足就仓促上阵，会使一个很有潜力的销售人员夭折。因此，该公司用于培训的资金充足、计划严密、结构合理。培训结束后，学员就可以有足够的技能，满怀信心地同用户打交道。近年来，该公司更换的第一线销售人员低于 3%，从公司的角度看，招工和培训工作是成功的。

IBM 公司的销售人员和系统工程师要接受为期 12 个月的初步培训，主要采用现场实习和课堂讲授相结合的教学方法。其中，75% 的时间是在各地分公司中度过的，25% 的时间在公司的教育中心学习。分公司负责培训工作的中层干部将检查该公司学员的教学大纲，这个大纲包括学员的素养、价值观念、信念原则到整个生产过程中的基本知识等方面的内容。学员们利用一定时间与市场营销人员一起访问用户，从实际工作中得到体会。此外，还经常让新学员在分公司的会议上，面向经验丰富的市场营销代表进行他们的第一次成果演习。该公司从来不会派一名不合格的代表会见用户，也不会送一名不合格的学员去接受培训，因为这不符合优秀企业的理念。

销售培训的第一期课程包括 IBM 公司经营方针的很多内容，如销售政策、市场营销实践以及计算机概念和 IBM 公司的产品介绍。第二期课程主要是学习如何销售。在课程上，学员主要了解公司有关后勤系统以及怎样应用这个系统。学员们在逐步成为一个合格的销售代表或系统工程师的过程中，始终坚持理论联系实际的学习方法。学员们可以到分公司看到他们在课堂上学到知识的应用部分。经过一段时间的学习之后，考试便增加了主观因素，学员们还要进行销售学习，这是一项具有很高的价值和收益的活动。一个用户判断一个销售人员的能力时，通常只能从他如何表达自己的知识来鉴别其能力的高低。

IBM 公司市场营销培训的一个基本组成部分是模拟销售角色。这种模拟销售角色的方法是：学员们在课堂上经常扮演销售角色，教员扮演用户，向学员提出各种问题，以检查他们解答问题的能力。这种上课接近于一种测验，可以对每个学员的优点和缺点进行评判。另外，还在一些关键的领域内对学员进行评价和衡量，如联络技巧、介绍与学习技能、与用户的交流能力以及一般企业经营知识等。

应该特别指出的是，IBM 公司为销售培训所发展的具有代表性、最复杂的技巧之一就是阿姆斯特朗案例练习，它是集中考虑一种假设的、由饭店网络、海洋运输、零售批发、制造业和体育用品等部门组成的、具有复杂的国际间业务的练习。通过这种练习，可以对工程师、财务经理、市场营销人员、主要的经营管理人员、总部执行人员的形象进行详尽的分析。这种分析使个人的特点、工作态度、甚至决策能力都清楚地表现出来。由教员扮演阿姆斯特朗案例人员，从而创造出了一个非常逼真的环境。在这个组织中，学员们需要对各类客户完成一系列错综复杂的拜访。面对众多的问题，他们必须接触这个组织中几乎所有的人员，从普通接待人员到董事会成员。由于这种学习方法非常逼真，每个"演员"的"表演"都十分令人信服，所以每一个参加者都能像 IBM 公司所期望的那样认真地对待这样的学习机会。这种练习的机会就是组织一次向用户介绍发现的问题，提出该公司的解决方案和争取订货的模拟用户会议。

分析启示及思考

一、分析启示

IBM 公司创建于 1911 年，至今已有百年的发展历史。IBM 是美国也是世界上最大的电子计算机制造商，是世界上经营最好、管理最成功的公司之一。

20 世纪 70 年代末以来，科学技术发展突飞猛进，电子计算机市场竞争处于白热化程度，IBM 面临着强手如林的局势，深感危机重重。面对过时的企业领导体制，IBM 不得不考虑如何建立一套有利于开发创新的领导体制，以激发公司的活力，适应激变的竞争环境。1983 年，IBM 开始了大规模领导体制改革，着手建立"现代经营体制"。通过调整、改组、改革，IBM 不仅建立起了一个战略领导体制，而且形成了一个集中与分权相统一的管理体制，从而使它有可能用集中决策与分散经营相结合等方式来适应激变的市场环境。

可见，IBM 能够保持百年长盛不衰，得益于它能根据环境的变化和自身的发展，对管理体制进行不断地调整、改革和创新。这对我国企业经常出现的短期行为、小农经济意识、"昙花一现"和"富不过三代"现象是个最好的参照。此外，IBM 公司追求一贯卓越，特别是在人才培训、造就销售人才方面取得的成功经验也值得我国企业认真学习。

二、问题与思考

1. IBM 能够保持百年长盛不衰的根本原因是什么？对我国企业发展有何现实意义？
2. IBM 在人才培训、造就销售人才方面有哪些成功的经验？

创业故事

哈利波特背后的天才——J. K. 罗琳的创业故事

J. K. 罗琳（J. K. Rowling），1964 年 7 月 31 日生于英国的格温特郡。J. K. 罗琳不只是当代最著名和最受欢迎的小说人物哈利·波特的创造者，她本人经历也极富传奇色彩。她曾经一贫如洗，饱受挫折，但她奋力抗争，终于摆脱困境，创造一个罕见的成功故事。这个曾经一度要依靠失业救济金养活自己和女儿的女子，如今却是英国最富有的人物之一，其财产总值估计达 10 亿美元。而这奇迹的发生，只因为一个由罗琳亲手创造的魔法故事——《哈利·波特》。

哈利身上有着许多罗琳自己的影子。同样波折坎坷的生活，同样遭遇过无数艰辛，内心里同样经受过焦虑和无助，自信与自卑矛盾交替，但也同样拥有狮子般的坚强和勇气，以及天生的领导者气质。小时候的罗琳是个戴眼镜的相貌平平的女孩，热爱学习，有点害羞,从小喜欢写作和讲故事。罗琳在大学时主修法语,毕业后只身前往葡萄牙发展。在那里,她和当地的一位记者相爱,但这段婚姻却很快告终。不久,她便带着三个月大的女儿回到英国,住在爱丁堡一间租来的房里,很长一段时间找不到工作。

要打击狮子很容易,但要彻底打倒它们就很难,因为它们天生就有一副傲骨,只要抓到一丝机会就绝不会放弃,并最终赢得胜利。而且它们在成功之后也不会忘记对伤害它们的人施以小小的报复,罗琳就在小说《哈利·波特》里把前夫刻画成傲慢而又无理的魔法师。

J. K. 罗琳是狮子座,而狮子座往往拥有丰富的想象力——超强的组织能力和行动能力,这也是为什么罗琳能够从一个身无分文的单身母亲变成一个享誉全球的畅销书作家。24 岁那年,在她由曼彻斯特前往伦敦的火车途中,一个瘦弱、戴着眼镜的黑发小巫师突然闯进了她的生活,使她萌生了创作《哈利·波特》的念头。该系列的第一部《哈利·波特与魔法石》在1995 年完成,但却遭到了12 家出版社的退稿。之后,她花了一年的时间终于找到愿意一试的出版人,得到的预付款只有1 500 英镑。没想到这竟成为英国出版业史上最不可思议的奇迹之一,而哈利·波特也迅速成为风靡全球的童话人物。她在构思《哈利·波特》之初,就先暗自预设了最后的结局,并在长达10 年的时间里完成了7 部小说。更不可思议的是,她几乎全都按照与出版社所签订的合约如期交稿,而且一部比一部更畅销。6 年后,她的处女作《哈利·波特与魔法石》已被拍成一部好莱坞电影。

当记者问 J. K. 罗琳的成功之道时,她说:"失业使我痛苦,但我想这不是世界末日。我开始尝试多年想做却没有去做的写作,结果就成功了。"

感悟:人生最大的遗憾,莫过于没有利用自己特长全力去创造本可以出现的奇迹。努力激发和挖掘自己的潜力和天赋,至关重要。

案例 11

LG 电子的人本管理

案例正文

一、LG 企业概况

LG（Lucky Goldstar），韩国企业，主营电子、电气设备。

LG 电子创立于 1958 年，早期名叫乐喜电子。乐喜公司自制造出了韩国第一台晶体管收音机后，又涉足自动电话交换机和电冰箱领域，并且通过竞标获得了韩国第二炼油厂的建设权和经营权。随后，它又在 1967 年与美国加德士石油公司合资建立了韩国最大的炼油公司，由此进入能源工业领域，并逐步建立起庞大的石油化学工业。接下来，它又制造出韩国的首台空调器、洗衣机、电梯、彩色电视机、微型电脑……在短短几十年中，乐喜涉足的领域从消费电子和家用电器，再拓展到半导体、通信、工业用电子和电气产品领域。

可以说，LG 电子从成立之日起一直领导着韩国电子行业的发展。目前，其业务遍及 171 个国家与地区，包括 12 个科研及产品开发中心，一跃成为世界电子企业的后起之秀，是全球第二大电视机生产商和第三大手机制造商。LG 已连续多年入选美国《财富》杂志世界 500 强排行榜，在 2010 年公布的世界 500 强企业中排名第 69 位。

二、LG 的管理之道——人本管理模式

组织管理之父韦伯曾经说过：组织的目的，本来是要激发人的能力，因此，组织结构的目标就是动员人的能力、发挥人的才智。现代人力资源管理就是一个人力资源的获取、整合、保持激励、控制调整及开发的过程。作为世界 500 强企业，LG 电子对人本管理一直是非常重视的。

（一）人本管理理念

LG 电子公司在企业的经营管理中，贯彻"以人为本"的思想，即"尊重人格的经营"和"为顾客创造价值"这两条管理理念，它们为 LG 电子带来了积极的回报。

在对内部员工的管理上，LG 电子除了积极塑造员工的基本道德规范外，更强调企业组织应对员工担负的社会责任。在对待自己的客户上，LG 电子注重的是"人本经营"，通过不断努力，为顾客积极创造价值。LG 电子对员工投入了极大的热情，它在注重企业发展的同时，也为员工提供了良好的个人发展条件；在加强管理的同时，给予

员工充分的关怀；在严明纪律的同时，给员工提供了一个宽松、自由、舒畅的工作环境。

LG 电子的理念有：

1. 人力开发

人力开发（Human Resource Development），即为提高自己和他人的业务处理能力，坚持学习和指导，不断丰富自己的经验。

2. 革新

革新（Innovation），即为解决现有的问题，思考和接受解决问题的方案及想法，捕捉未来的机会，并果断地去做。

3. 收益创新

收益创新（Generating Profit），即应该给顾客提供比其期待水平更高的产品和服务，通过顾客获取相应的价值，为员工、企业创造效益。

4. 主人翁精神

主人翁精神（Ownership），即根据自觉的判断和意志，主动负责产出结果，并尽最大努力完成业务。

5. 顾客感动

顾客感动（Customer Delight），即正确了解顾客的期待和要求，迅速以真诚之心，给顾客提供其期待水准的服务。

在 LG 电子公司，员工以公司为荣，保持诚实和公正的态度，保持标准的道德和个人的尊严。为了避免与公司利益发生冲突，LG 电子严格限制员工使用公司财产来为个人牟取私利。员工通过与同事和有关部门的公开交流与合作，竭力提高自己的工作效率。他们保护公司的财产，绝不泄露公司机密。他们追求模范雇员的理想形象，通过持续的自我完善，强调自我发展，力求完美表现。

从公司角度来说，LG 电子又非常强调公司对员工的责任，因为员工是企业内部人本管理的基础。LG 电子会根据员工的能力和表现给予公正的对待。在工作中，不断地向员工灌输主人翁精神，并建立了员工完美履行他们职责所必需的制度和方针。

在事业内容的经营上，LG 电子强调对顾客的责任和义务。LG 电子认为，顾客是公司事业的基础，所以，公司应该不断地向顾客提供实际的价值，努力去获得顾客充分的信任。这些经营思想主要体现在以下三个方面：

1. 创造价值

LG 电子的观点是：只有让顾客满意，才能建立起繁荣的基础。所以，LG 电子努力地为顾客创造价值。

2. 尊重顾客

LG 电子把顾客的意见视为自身决策实施的最起码的标准，自始至终尽力满足顾客的真正要求。

3. 提供价值

LG 电子一向对顾客以诚相待，以合理的价格向顾客提供高质量的产品和服务，迅速和准确地回应顾客的要求，真正做到有诺必践。

（二）打造无缝团队

LG 电子在未来几年内的目标是成为世界上最优秀的企业。何为优秀的企业？无非就是顾客最喜爱的企业、人们最希望就职的公司、职员有成就感，并愿意为之终生效力。

员工是企业发展和创新的根本因素。现代企业管理中越来越重视人的因素，强调以人为本，但如何将极具个性化的、独立的个体联合起来，服务于企业的共同目标，又同时保留个体的创造性与独特性呢？LG 电子给出了自己的解答。

LG 电子始终坚持尊重每一个员工的独创性和个性，并集中力量在每一个事业领域培养有竞争力的专业人才。LG 电子共同推崇的一种精神是团结和不服输，以企业未来的发展目标为黏合剂，以这种共有的精神为无形的纽带，全面加强企业在市场中的竞争力。在 LG 电子的招聘网页上，提出了对以下人才的需求：创造力丰富的专业人、发挥个性的组织人、挑战未来的行动人、生活文化的国际人。这些看似矛盾的个体在 LG 电子得到了最完美的施展舞台。

（三）发展学习型组织

学习型组织已经成为现代企业以不变应万变的法宝之一。为了适应市场不断变革的需要，每个公司都致力于将自己的企业建设成为学习型企业。LG 电子也不例外，他们在公司一贯倡导终身学习的风气，实现人才与公司价值共同成长。

在 LG 电子，新入社的员工一般要接受为期 2~3 周的培训，才能正式上岗。之后，还要在一年之内完成公司内部开设的、以网上培训方式进行的 2~4 门课程。对于有发展潜力的人才，LG 电子内部还有一个专门针对核心人才的"接班人计划"。

为了提高员工在工作中解决问题以及改革创新的能力，LG 电子与中国的清华大学合作开设精选课程，能够参加该课程的学员必须是目前在 LG 电子工作的优秀员工。培训内容为：生产管理、财务管理、人力资源管理、市场营销以及企业经营战略等。LG 电子的目标很明确，那就是希望通过这一系列的课程培训，为自己培养出优秀的接班人。

（四）员工培训

"让有能力的先培训"，这是 LG 电子的一套独特而又有效的员工培训体制。说其独特，是因为 LG 电子在员工培训上往往给那些有发展潜力的员工更多的培训机会。在 LG 电子，平均主义没有施展的空间，能者上、庸者下。公司的很多课程都是专门为"核心人才"设立的，保证了培训的有效性。比如，新员工只有一些最基本的培训，而高层管理者则有机会去韩国总部中心培训，或去进修 MBA，或去国外参加专门的培训。

目前，LG 电子新开发了《社员能力提高课程》、《超一流亲切课程》、《新入社员课程》等课程。LG 电子的员工可以随时随地完成课程中的课题，按照自己的方式和进度进行自我培训，指导人员会把学习的效果评估反馈给员工。另外，LG 电子拥有全球性的在线培训网络，韩国和中国的培训部门可直接交流培训的方式、课程的设置和方向等。在中国，LG 电子的员工可以查看韩国培训中心的课程计划表，决定是否参加某个课程学习。

LG电子的员工培训机制具有如下特点：

1. 明确的目的性

让企业员工提高岗位技能和认同企业文化，是企业员工培训的一般目的。由于每个企业自身背景的不同，又必须根据自身的具体情况明确更为核心和根本的培训目的。在LG的员工培训机制中，不断被强化的一个核心就是更好地为顾客服务。"顾客满足"是LG员工培训的一个重要课程，这一课程着重培养企业员工"顾客至上"的思维方式和行为方式，从接待顾客的着装、表情、心态、问候、语言、电话应答等细节，到为顾客服务的行动、心态、处理顾客投诉的原则等，都对员工进行科学系统的培训。

2. 鲜明的个性化

企业员工在共同的企业价值观框架下，应当形成一致的思维方式和行为方式。企业为了达成这种一致，就必须根据员工个人素质和具体工作岗位的差异，进行个性化的培训。

3. 先进的培训手段

在培训手段方面，LG电子开辟了一条被称为IBL（Internet Based Learning）课程的培训新渠道。通过互联网，LG电子分设在各地的企业可以和韩国总部直接交流课程设置、培训方式和方向等。同时，设计以网络为基础的学习条件，以远程教育的形式营造良好的学习环境。

4. 充足的资金投入

有些企业在员工培训的资金支持方面投入不足，或者延续性不佳，这主要是因为企业的培训部门需要大量的投资，但却不能直接带来经济效益。一些韩国公司在1997年的东南亚金融危机期间，为了节约开支纷纷撤销了培训机构。LG电子则始终将员工培训视为发展战略中的重要一环，不仅没有削减培训资金，反而加大了投入。LG电子为员工量身定制培训课程，他们先把员工分为"技术职社员"和"经营职社员"两种，然后根据员工的不同要求为其设计不同内容的课程，员工自主选择参加与否。比如"选修"的专业化课程，"必修"的企业文化、思维理念等课程。这种个性化的培训使得员工的需求和企业的需求有机地结合在一起，从而能更有效地达到培训目的。

5. 人才的本地化

在人才本地化策略上，LG电子也是可圈可点。在20世纪90年代，LG电子就走出了"立足中国，扎根中国"的第一步。在LG电子本土化战略中，最值得推崇的是在中国CDMA市场上的成功。在中国CDMA市场上，LG电子市场占有率为15%，销售成绩已经达到60万台。另外，LG电子和中国浪潮集团合作，保证了其在CDMA手机的产、供、销各个环节上实现本土化战略。

自从LG电子进入中国以来，LG集团坚持开展全方位的人力资源本地化策略。目前，在华的20 000多名员工中，中国籍员工占大多数，其中不少表现优秀的已经晋升至管理高层，特别是LG电子在武汉、济南、成都等地分公司的经理已经由中国员工来担任。

　　2002 年 11 月 11 日，来自清华大学、北京大学、北京邮电大学、北京科技大学的 34 名优秀学生从 LG 电子中国有限公司总裁卢庸岳会长手中接过了"LG 电子奖学金"的证书，从而揭开了 LG 电子在全国 19 所大学设立奖学金的计划。LG 电子希望通过设立这一奖学金，为培养本地人才作出自己的贡献。

分析启示及思考

一、分析启示

　　LG 电子成立至今，作为全球第二大电视机生产商和第三大手机制造商，一直领导着韩国电子行业的发展。作为世界 500 强企业，LG 电子最突出的经营之道就是"人本管理"。LG 电子公司在经营管理中，贯彻"以人为本"的思想，即"尊重人格的经营"和"为顾客创造价值"这两条管理理念，它们为 LG 电子带来了积极的回报。

　　我国的企业管理也提倡"以人为本"，但"以人为本"绝不仅仅是个概念，而是在实践中得到检验的制胜法宝。LG 电子深信，深入理解和执行"以人为本"思想，对现代企业的发展至关重要。

二、问题与思考

　　1. 总结人本管理模式的含义及基本要点。
　　2. 总结 LG 电子人本管理的特色及其给我国企业的启示。

财富故事

垃圾变财富

　　美国对经历百年风化的自由女神铜像进行了翻新，现场留下了 200 多吨垃圾，既不能焚化，又不能深埋，清理费用十分昂贵。美国政府就这些垃圾的处理进行了公开招标。这一消息很快被一位叫斯塔克的人得知，他觉得这里有文章可做。于是，他自告奋勇地承包了垃圾的清理工作，而没有提出任何费用要求，令组织者十分惊讶。令人没想到的是，他把废铜皮铸成纪念币，废铅做成纪念尺，就连水泥、石块、朽木、泥巴也都装在透明的盒子里，做成纪念品出售。人们争相选购，200 多吨垃圾一售而空，斯塔克由此很快就成了百万富翁。

　　（资料来源　舒咏平：《实用策划学》，北京，中国商业出版社，1996）

案例 12

可口可乐的本土化管理

案例正文

一、可口可乐公司概况

可口可乐（Coca-Cola），美国企业，主营饮料业务。

可口可乐公司成立于 1892 年，总部设在美国亚特兰大，它是全球最大的饮料公司，拥有全球饮料市场 48% 的市场占有率。

可口可乐在全球近 200 个国家和地区拥有 160 种饮料品牌，包括汽水、运动饮料、乳类饮品、果汁、茶和咖啡。在美国市场销售排名中，仅可口可乐一个品牌为其取得超过 40% 的市场占有率，而雪碧（Sprite）则是成长最快的饮料，其他的品牌包括伯克（Barq）、水果国度（Fruitopia）以及大浪（Surge）。

可口可乐是中国家喻户晓的国际品牌之一，在中国软饮料品类中占有重要地位。目前，中国是可口可乐全球第三大市场。在 2001 年《商业周刊》公布的全球 100 个最具价值品牌名单中，可口可乐以高达 725 亿美元高居榜首。它已连续多年被美国《财富》杂志评为世界 500 强企业，2010 年排名第 245 位。

二、可口可乐公司的管理之道——本土化管理

可口可乐公司虽然从 2001 年才确立其全方位饮料公司的定位，但在中国市场上却一直不遗余力地推进本土化策略。无论在区域开发、包装瓶厂建设、企业合作，还是新产品推广、本土管理人员聘用、广告内容本土化等方面都为国际品牌企业做出了表率。

许多国际品牌企业在媒体上滔滔不绝地表述他们如何在中国进行本土化的培植，而真正全面推广或者说是全心全意彻底实施的却很少见。大多数国际品牌企业在还没有真正找到本土化的精髓和"本土式"的运作方法时，就已经身陷重围，不能自拔了。

本土化与企业文化有关，本土化与领导的决心有关，本土化与管理人员对当地的熟悉程度有关，本土化与灵活性有关……看上去，本土化要涉及好多方面，其实，本土化只与两个紧密相联的方面有关，那就是市场和消费者！

从可口可乐公司在中国实施的战略推进进程，可以看出其本土化运作的精髓。

（一）产品——必要时对原引进产品完全改头换面，切实针对当地消费者

可口可乐公司与雀巢公司成立 BPW（全球饮料合作伙伴）时，首先在中国市场推

出的是雀巢 PET 瓶即饮茶（非袋泡茶和茶粉）。在 2002 年上市时，双方明确的概念是，西方是没有绿茶的，雀巢公司只提供红茶口味的产品销售，并且当时 BPW 还着重要培植一个新的茶的定位——"西式青年、西式生活、西式茶"。但西式茶的概念推广不力以及红茶在中国的影响力不及绿茶，雀巢茶市场状况一直都不是很好。

经过反思，可口可乐不再着力去培植"西式茶"的概念，不再强硬地去实施原来的雀巢茶国际化与本土化背道而驰的理念，而是开始研究和满足市场需求。此后，可口可乐公司在原来雀巢红茶、冰极的基础上推出绿茶，是地地道道的本土化实施和推广。

（二）广告——明星必须能与我们面对面、心贴心

可口可乐公司并不绝对信奉超级巨星，就像宝洁公司也很少用超级明星做广告一样。在广告里面，可口可乐实施的本土化力度越来越大，吸引消费者效果也越来越明显。无论是刘翔还是滕海滨，最终风头应该都超过了贝克汉姆、珍妮·杰克逊等大牌国际体育和娱乐明星的广告效应。

当然，还有在电视中热播的刘翔、S. H. E、潘玮柏、余文乐系列情景广告剧，都是邻家大男孩、大女孩最喜闻乐见的一些情节安排，非常有感染力，非常贴近民众。其实，可口可乐的本土化还有更深一层的含义——无论是产品还是代言人，都与当地的消费者没有距离！

（三）推广——以本土形象、本土文字、本土活动为依托

无论是酷儿果汁饮料还是冰露水，虽然都是国际品质、国际品牌，但在消费者的眼里却完全没有遥不可及的感觉。当我们看到的都是"Dell"、"Panasonic"、"Nestle"等英文标识时，可口可乐公司却大量使用中文的"可口可乐"、"雪碧"、"芬达"、"酷儿"等字样迎合消费者的需要。

国际化意识下的本土化形象展示并不会抹杀国际品牌的形象。相反，如果参悟透"最本土的就是最国际化的"、"最国际化的一定也可成为最本土的"这两句话的含义，跨国企业离品牌营造的最高境界也就不远了。

（四）竞争——国际竞争、本土竞争都能促进企业成长

虽然可口可乐公司是国际大公司，但同样关注本土的竞争者，认真地研究当地企业的竞争能力与行为。无论是统领果汁饮料行业的统一、康师傅（顶新）公司，还是纯净水行业的娃哈哈与乐百氏，可口可乐公司都始终给予高度关注。这在很多跨国企业是不可思议的，在他们的市场调查中，根本就没有本土企业的任何资料！

（五）升级——大胆地与本土企业合作

当然，本土化的本质还有大胆启用本土人才，绝大部分使用本地的原材料，也就是可口可乐公司提出的"Think Local Act Local"本土化思想。这些本土化思想与本土化的营销手段相配合、相辉映，使可口可乐公司的本土化甚至有了升级版，那就是可口可乐公司开始与当地的小公司进行合作。

以可口可乐公司与九城公司的合作为例，其实这不单纯是两个企业之间的合作，而真正是为开拓市场、满足消费者需求而走到了一起。可口可乐公司作为传统行业的企业，借力新兴行业的资源，贴近最具活力的青少年消费者，这也是再正常不过的。很多

企业将战略看得很高，觉得战略应该是高层制定而由下面去执行的东西，而可口可乐公司将战略看得很平实——满足本土的消费者的需求；很多企业将合作考虑得很慎重，怕吃亏，怕自贬身价，只在同档次的企业里找合作伙伴，而可口可乐公司将合作当作将来无处不在的经营哲学，并且敢于大胆尝试。

分析启示及思考

一、分析启示

　　可口可乐公司是全球最大的饮料公司，拥有全球饮料市场48%的占有率。作为一个庞大的跨国集团公司，它在管理上最突出的经营措施就是推进本土化策略。比如，可口可乐公司从进入中国开始，一直不遗余力地在中国推进本土化。无论在区域开发、包装瓶厂建设、企业合作，还是新产品推广、本土管理人员聘用、广告内容本土化等方面都为国际品牌企业做出了表率。

　　我们听到过许多国际品牌企业在媒体上滔滔不绝地表述他们如何进行本土化的培植，而真正全面推广或者说是全心全意实施的却很少见。他们中的大多数还没有真正找到本土化的精髓和"本土式"的运作方法。

　　本土化与企业文化有关、与领导的决心有关、与管理人员对当地的熟悉程度有关、与企业的灵活性等有关。确实，本土化要考虑很多东西，说起来容易，做起来难。可口可乐是本土化最好的实践者，也最了解跨国公司本土化运作的精髓。可口可乐本土化的发展经验对中国企业走向国际，应该是一个很好的启发。

二、问题与思考

　　1. 你认为本土化管理最大的优点有哪些？
　　2. 在跨国企业本土化时需要考虑什么因素？最重要的因素是什么？
　　3. 请从人力资源管理的角度谈谈本案例对我国企业发展的启示。

经营秘诀

可口可乐的配方

　　1886年，美国亚特兰大的一名叫约翰·潘贝顿的医生配制了一种糖浆药水，用于治疗胃痛和消除情绪忧郁症。有一天，有人错把这种药水兑入苏打水中，这就是最原始的可口可乐。现在饮用的可口可乐到底是用什么制成的？近百年来，各国的化学家都在千方百计地想弄清其中的奥秘。经过多年的化验分析，查明它99%是溶有气体的水、干炒的糊糖、磷酸、咖啡因、可可树叶和可拉果提炼出的果精，但除了上述这些之外，还有1%的神秘物，被称做"Merchandise7X"，而正是这种东西是无论如何也化验不出来的。世上掌握这个配方的只有10个人，然而这10个人也是绝对保密的。那么

"Merchandise7X" 的绝密配方到底放在什么地方呢？据说是放在美国的乔治商业银行最深层地下室中的一个上着 7 道锁、封着 7 个火胶印的大厚保险柜中。要想开启保险柜，必须要这 10 个人一起到乔治商业银行，还要经过银行正副行长联席会议讨论批准，并请州里官方代表参加，既不能提前 1 秒钟也不能错后 1 秒钟。所以，至今这个保险柜还不曾被打开过。

可口可乐目前在全世界每天销售 3 亿瓶，遍及世界各个国家和地区。广告的魅力不在于俊男靓女，而是建立在有特色、有个性以及内在的和谐一致上。

（资料来源　武文胜：《MBA 经营奥秘精华读本》，北京，中国社会科学出版社，2004）

▲ 案例 13 ▲

丰田崛起的秘诀——JIT 管理模式

案例正文

一、丰田汽车概况

丰田汽车（Toyota Motor），日本企业，主营汽车与汽车零部件。

丰田汽车公司简称"丰田"（TOYOTA），创始人为丰田喜一郎。1895 年，丰田喜一郎出生于日本，毕业于东京帝国大学工学部机械专业。1929 年底，丰田喜一郎亲自考察了欧美的汽车工业。1933 年，在"丰田自动织布机制造所"设立了汽车部。丰田喜一郎的同学隈部一雄从德国给他买回一辆德国 DKW 牌前轮驱动汽车，经过两年的拆装研究，终于在 1935 年 8 月造出了一辆 GI 牌汽车。该车是二冲程双缸，木制车身，车顶用皮革缝制。

1934 年，丰田喜一郎决定创立汽车生产厂。1937 年成立了"丰田汽车工业株式会社"，地址在爱知县举田町，初始资金 1 200 万日元，员工 300 多人。

1936 年底至 1937 年初，丰田制造的卡车因质量差，销售一直不景气。日本发动了侵华战争后，陆军大批采购卡车，丰田公司的所有库存车一售而空，丰田公司赚了大钱。

1950 年 4 月，丰田汽车乐售公司成立，1950 年 6 月，朝鲜战争爆发，美军 46 亿日元的巨额订货，丰田迅速发展起来。1952 年 3 月 27 日，丰田喜一郎因患脑溢血去世。1974 年，丰田与日野、大发等 16 家公司组成了丰田集团，同时与 280 多家中小型企业组成协作网。1982 年 7 月，丰田汽车工业公司和丰田汽车销售公司重新合并，正式更名为丰田汽车公司。该公司多次被《财富》杂志评为世界 500 强企业，2010 年丰田排在世界 500 强的第 5 位。

二、丰田的管理之道——JIT 管理模式

在丰田公司早期，主要是在测绘美国汽车的基础上试制自己的发动机和样车。1949年，石田退三出任总经理，在其任期内，该公司完全依靠丰田自身的力量制成了第一辆车，即皇冠牌轿车。1961 年，丰田公司首次采用了闻名世界的全面质量管理活动。1967 年，丰田英二出任公司总经理后推出精益生产方式，使丰田公司走向全世界。1973 年石油危机后，丰田公司开始向产品的小批量、多品种、省能源方向发展，这一

方向的确定带来了丰田汽车公司飞速发展的黄金时期，从 1972 年到 1976 年仅四年时间，该公司就生产了 1 000 万辆汽车，年产汽车达 200 多万辆，随着 1979 年的石油涨价，丰田的节能型小汽车涌入美国市场。在进入 20 世纪 80 年代后，丰田汽车公司的产销量仍然直线上升，到 90 年代初，其年产汽车已接近 500 万辆，击败福特汽车公司，汽车产量名列世界第 2 位。如今，丰田汽车工业公司是一家以汽车生产为主，并涉足机械、电子和金融等行业的庞大工业集团，总部在日本东京，现任社长丰田章一郎。公司年产汽车近 500 万辆，出口比例接近 50%。

丰田汽车公司在国际市场竞争中成功的秘诀之一就是开创了一种全新的管理模式，即 JIT 管理模式，又称丰田模式。近年来，尽管日本经济不景气，但丰田仍然充满了活力，居世界汽车工业领先地位。

20 世纪 80 年代末期，日本汽车市场陷于长期衰退之中，然而丰田汽车却在日益激烈的竞争中继续保持利润增长，并且提出"世界第一"的宣言。在 2002 年的第一季度，丰田公司的净利润为 29.1 亿美元，较 2001 年同期增长了 1 倍多，而销售额也上升了 20%。与竞争对手相比，丰田的优势相当明显，丰田在第一季度营业毛利率为 9.8%，超过了本田的 8.8%，更远远超越了美国三大汽车制造厂的营业毛利率：通用为 3.7%，福特为 1.6%，克莱斯勒为 4.8%。

丰田的业绩，受益于其成功的 JIT 管理模式。这一模式的核心是其高效低成本的 JIT 生产休系。

（一）丰田的管理思想

丰田的管理思想总结起来，就是 JIT 管理模式，它的思想框架主要包含"三大目标"、"两大支柱"和"一大基础"。

1. 三大目标

丰田管理的最终目的是努力完成企业的三大目标：一是提高生产力，降低生产成本。丰田公司通过降低存货及清除多余的存货控制，减少生产现场的多余人力、工具，通过自动化精神及美国的 IE（工业工程）方法，使生产力得到发挥；二是降低存货投资，以提高投资回报率，丰田公司把过多而不当的存货视为企业最大的浪费；三是提高准时交货的水平，丰田公司通过贸易公司在产与销的密切配合方面来实现这一目的。

2. 两大支柱

（1）人员自动化

人员自主化是人员与机械设备的有机配合行为。生产线只要一产生数量、质量、品种上的问题，机械设备就自动停机，并有指示显示，而任何人发现故障问题都有权立即停止生产线，主动排除故障，解决问题。同时将质量管理融入生产过程，变为每一个员工的自觉行为，将一切工作变为有效劳动。

（2）即时化生产

即时化生产，即以市场为龙头，在合适的时间，生产合适的数量和高质量的产品。即时以需求来拉动生产为基础，以平准化为条件。拉动生产是以看板管理为手段，采用"取料制"，即后道工序根据"市场"需要进行生产，同时，根据本工序再制品短缺的量，从前道工序获取相同的制品量，从而形成全过程拉动控制系统，绝不多生产一件产品。平准化是指工件被拉动到生产系统之前要按照加工数量、时间、品种进行合理的排序和搭配，使拉动到生产系统中的工件流具有在加工工时上的平稳性，保证均衡生产，实现市场对多品种、小批量需要的快速反应和满足功能。

3. 一大基础

一大基础即持续地改进。没有改进就不可能有丰田的生产。"持续改进"的内涵主要包括三个方面：

一是改进生产手段和作业流程，消除一切浪费。"丰田生产方式"哲理认为不能提高附加价值的一切工作（包括生产过剩、库存、搬运、等待、不良品的返工、多余的动作等）都是浪费。这些浪费必须经过全员努力不断消除。

二是从局部到整体永远存在着改进与提高的余地。在工作、操作方法、质量、生产结构和管理方式上要不断地改进与提高。

三是持续地进行改进，这是当今国际上流行的管理思想。它是指以消除浪费和改进提高的思想为依托，对生产与管理中的问题，采用由易到难的原则，不断地改进、巩固、提高的方法，经过不懈的努力，以求长期的积累，获得显著效果。

（二）丰田管理原则

在降低生产成本的同时，更强调如何提高整体竞争力，这是丰田公司长期快速发展的关键。丰田提出了"UMR 计划"（United Manufacturing Reform Plan），用以强化汽车基于零件的设计开发能力，同时提高效率。丰田投入百亿日元预算开发引擎设计软件，目的是使作业工程简单化、生产引擎设备小型化，并且贯彻生产一体化。由于丰田追求高效率的制造和汽车开发能力，其零件成本只占汽车总成本的 1/20，大大提升了利润空间。

整体竞争力的提升，有赖于丰田严格的管理。在丰田管理中，包含着下列六个基本管理原则：

1. 强调标准作业

丰田的标准作业，是将标准时间内一个作业者担当的一系列多种作业标准化。丰田对生产的产品、顺序、时间控制和结果等所有工作细节都制定了严格的规范。各种部件都以单件流动生产，在冲压、铸造、锻造等工序已实行约一天用量的小批量生产，在丰田称为"标准作业"。

2. 空间、人力的灵活运用

丰田发现，在面对不确定的生产量下，生产空间可精简许多，而这些剩余的空间可以做灵活运用。人员也是一样，假如一个生产线上有 5 个人，在组装线抽掉 1 个人，则那个人的工作空间自动缩小，空间空出来而工作由 5 个人变成 4 个人，原来那个人的工作被其他 4 个人取代。这样灵活的工作体系，丰田称呼为"活空间、活人原则"。

3. 生产平准化、均衡化

其中平准化指的是"取量均值性"。为了将需求与供应达成均衡，降低库存与生产浪费，丰田要求各生产工程的取量尽可能达到平均值，做到前后一致；而均衡化，就是必须每天平均地、迅速地生产各种部件，所以各种部件都有必要缩短生产周期。生产周期的缩短，可以依靠各种部件的小批量生产，或单件流动的生产来实现。

4. 杜绝浪费和模糊

杜绝浪费任何材料、时间、空间、人力、能量、运输等资源，这是丰田生产方式最基本的概念。这种基于杜绝浪费的思想，是坚持追求合理的制造方法而创造出来的一种生产方式，对丰田来说，是提高生产效率、降低成本的关键。

5. 自动化

这里的自动化不仅仅包括机器，还包括人的自动化，也就是养成良好的工作习惯，不断学习创新。

6. 实时存货

依据顾客的需求，在必要的时候，生产必要的东西，生产必要的量，即 JIT。

（三）丰田生产体系

丰田管理模式是一种无与伦比的独创性方式，它是经过长年累月的试验和实践而逐渐总结出来的。这一模式的特色主要体现在四个方面：

1. 生产体系完备而井然

曾在丰田公司工作过的美国密歇根大学日本技术管理教程主任约翰·舒克说："丰田生产体系需要大量详尽的计划、严格的纪律、勤奋的工作、对细微之处的专注。"事实的确如此。

如果从概念上讲，丰田的生产体系也并不复杂，但是执行和协调会使人流泪、流汗，甚至流血。在肯塔基管理丰田装配厂的迈克·达普里莱将之描述为 3 个层次：技术、制度和哲学。在思维方式上，丰田生产体系仍表现出了与众不同。在其他许多工厂，工人们往往认为一旦他们达到指标就可以轻松了，因而总是产生超产，使工作流程忽高忽低。在丰田公司，超产被视为是最严重的一种浪费形式而被严加控制。公司设计的一道道工序有条不紊地进行，没有上下波动，结果是工厂平稳运转，每个人都在忙碌，给客户的数量也正合适。丰田工厂的工人们严守以下 4 条工作原则：清扫、分类、筛选、整洁。因而观看运行中的丰田生产系统总能给人一种赏心悦目的感觉。

2. 产品开发快中求变

20 世纪 90 年代早期，虽然丰田生产系统精明强干，为向客户提供更多选择，推出了更多的型号，但是价格却高出了市场能承受的程度。针对这种情况，丰田公司重新把工程技术人员分成 3 组——前轮驱动车组、后轮驱动车组和卡车组，使各组内不同项目比较容易使用统一零件。1994 年，丰田推出了备受欢迎的 RAV4 多用途运动型汽车，这种多用途运动型汽车不同于市场上其他的同类产品，用的是比较轻的轿车底盘而不是卡车底盘，开起来比较舒服，这强烈地体现了丰田生产的创新精神，使丰田的产品开发又上了一个新台阶，令竞争者胆颤心惊。丰田生产采用项目重叠的方法，使丰田公司可以把几种类似的型号同时开发，工程方面的工作是重叠的，比如悬置小组能同时研究几种不同的方案，这种方法可能使丰田公司从设计到投产的时间节省 15%，工程设计时间可以节省 50%。在这种新的方式下，丰田公司的高产无与伦比，曾一度达到 2 年内推出 18 种新车型或重新设计车型的速度。

3. 卓有成效地降低成本

降低成本，是丰田一直以来坚持的重要工作。1995 年以来，丰田多赚的钱，不是靠多卖车取得的，而是通过降低成本实现的。丰田"省"出来的钱几乎是销售收入的 2 倍。

从 2000 年 6 月开展大规模成本压缩运动，计划实施 3 年，估计节约成本 1 万亿日元。这项运动主要有 4 个方面：设计、生产、采购和固定费用。设计方面，负责开发某一车型的总设计师在设计过程中，必须把生产、零部件采购、销售等方面的要求反映进去，形成互动。生产方面，丰田要求尽可能用相同的平台生产多种款式的车型，推出了"通用平台"的概念。本来丰田在推出新车型时必定使用新的平台，现在设计师们从一开始就考虑如何利用现有平台。这样，丰田就大大节省了新车投产或车型变更时的前期投入。在采购方面，因为它在整个降低成本的活动中占有很大的比重，丰田的做法是由采购部和供应商共同商量降低成本的方法。丰田找出构成采购费用 90% 的 170 种零部件，组成 170 个工作小组，责成他们和供应商共同商量降低成本的方法。在固定费用方面，就拿轿车车座上方伸手可及、用来固定身体的把手来说，过去丰田公司由于根据车种不同分成不同的开发团队，彼此互不干扰，各个团队的设计师往往按自己的喜好设计了不同规格的把手，造成了丰田内部有 30 多种各式各样的把手。现在丰田已经把把手的规格统一到了 3 种，成本大大降低。

4. 积极的技术改造和完善的零件供应

丰田汽车公司努力推出新型号的同时，在技术方面也一直走在同行前例。1998 年款的 Corolla 汽车的 120 马力的发动机比以前少用了 25% 的零件，重量减轻了 10%，燃料利用率提高了 10%，且整车价格也大大降低，比 1997 年款的 Corolla 降低了 1 500 美元。2002 年 12 月，丰田成为日本第一家出售成批生产的混合型发动机汽车的公司。这种车称为 Ptius，由电动机推动，电动机的能量来自电池和 1.5 升的汽油发动机，前者使汽车开动，后者使汽车保持行驶速度。由于发动机的工作少了，Ptius 汽车每加仑汽油可行驶 66 英里，排出二氧化碳只有普通发动机的一半。丰田公司自己只生产 30% 的汽车零件，其余的都要依赖于外部供应商。在对供应商的关系上，丰田公司把它作为自己生产系统的一个组成部分，并且通过购买股票获得控股权来完善这种关系，通过让供应商充分参与经营活动的各个方面来加深和丰富这种关系。同时，丰田推出适时交付零件的制度，这种做法使丰田从中得到的好处是其他任何汽车制造商无法相比的。

（四）成功的质量管理

2002 年由美国 J. D. Power & Associates 市场调研公司公布的全球汽车质量年度调查报告指出，全球汽车的整体质量方面，亚洲汽车仍然处于领先地位，其中日本丰田汽车公司生产的凌志品牌汽车名列第一，雄居福特公司、通用公司和克莱斯勒汽车之前。这一成绩的取得，有赖于丰田严谨的质量管理。

丰田公司由于质量问题曾受到过一次致命的打击。早年，日本丰田汽车公司推出"光环"牌小轿车，由于质量不过硬，在公众中造成了"脆弱"、"不耐用"的印象，使该轿车在美国轿车的竞争中一败涂地，而且失去了日本国内头号轿车大王的宝座。为了挽回败局，丰田把确保质量看做是生产作业中首先必须考虑的问题。丰田的基本思想是贯彻质量第一的方针，以质量为重点，在全公司范围内，深入开展质量管理活动，增强企业经营素质。

丰田公司引进了全面质量管理（TQC）。通过有效的、科学的质量管理，进行了促进改善、积极发现问题、查明质量不良的原因、严格按照数据进行管理、防止其再发生、促进全员参加等一系列活动。TQC 引进的初期阶段，重点放在公司方针的推行与管理上。以经营者、管理者、职员为中心，在全组织系统内实行重点管理，一个一个地改善，最后加以综合。为此，从高级管理者到一般职员，大家都尽力学习掌握全面质量管理方法以及质量管理的思想。这点达到之后，开始对现场的被称为工段长、班长、组长的监督者进行质量管理教育，并通过举办质量管理学习会，促使他们掌握质量管理的思想和方法，并用于现场实践。在管理组织上，丰田以质量管理学习会为母体，组成了质量管理小组。在学习质量管理的同时，进行现场的改善活动。通过这一活动，大家自我启发，相互启发，体会到了创造性劳动的乐趣。同时，丰田公司成立了质量管理委员会这一全公司性的组织，紧抓产品的质量问题。

严谨的质量管理，为丰田夺回汽车霸主地位奠定了基础，他们精心研制出质量优良的新型光环牌高级轿车，投入市场。在面对公众对此普遍缺乏信任而造成的销路不佳时，丰田公司不惜耗资上千万日元，在日本甚至全球掀起一场攻势凌厉的广告宣传战。他们制作了一套名为"考验"的专题节目，在世界各地的电视屏幕上连续播放。在这个专题节目中，丰田汽车公司向公众展现了光环小轿车破坏性试验的一系列过程，为向消费者展现优异的丰田汽车起到了巨大的效果。本身的质量，加上有效的宣传，丰田扭转了公众原先的看法，获得了公众的信任。光环牌小轿车在日本轿车市场上遥遥领先，销量跃居日本首位，并在全世界得到了认可。

分析启示及思考

一、分析启示

丰田的业绩，受益于其成功的 JIT 管理模式。JIT 生产是日本丰田汽车公司根据自身的特点，逐步创立的一种独特的多品种、小批量、高质量和低消耗制造模式的生产方式。JIT 生产的基本原理来源于超级市场以需定供的管理方式，即供方依据订货传票（看板）的要求，在规定的时间将货品配送到需要的地点。因此，JIT 生产是指在生产组织的各个层面上，采用通用性强、自动化程度高的机器设备，以不断降低成本、无废品和零库存为目标的一种生产方式。

JIT 生产的核心是消除一切浪费，其实现途径就是通过实现"零库存"目标。JIT 生产方式的精髓在于：它是一种持续改善的思想体系，其焦点是杜绝一切浪费，它以尽可能低的成本和尽可能高的质量对顾客做出尽可能快的反应，从而提升企业的竞争能力。

　　可见，丰田的 JIT 管理模式是一个科学、严谨、先进的管理理念和管理方式，而我国大多数企业的管理是简单、粗放式、落后和混乱的。我国企业要认真借鉴学习吸收丰田科学的管理模式，转变经营方式，改善管理思想和理念，进一步提高我国企业的科学管理水平。

二、问题与思考

　　1. 请根据案例总结 JIT 管理模式的基本思想。
　　2. 为何欧美国家企业在学习日本的准时制生产方式时失败的比率大于成功的概率？
　　3. 举例说明是不是任何企业都适合实施准时化生产。

经营秘诀

同仁堂的古训

　　享誉中外的京城老字号北京同仁堂制药厂之所以久盛不衰，就在于他们一直恪守古训："炮炙虽繁必不敢省人工，品味虽贵必不敢减物力。"多年来。同仁堂产品始终是市场上的抢手货，但是，他们从没干过"萝卜快了不洗泥"的事。制药的每道工序都有严格的质量规定，谁也不可违反，谁破坏了古训，谁就是砸同仁堂的牌子。全体员工恪守职责，坚持对药品精益求精，致使他们的产品久享"处方独特，选料上乘，加工精细，疗效显著"之美名。

　　有人问同仁堂的领导："你们为什么对这条古训遵守得这样严格？"这位领导的回答是："道理很简单，砸牌子容易，创牌子难，镜子打碎不能复原。"

　　（资料来源　武文胜：《MBA 经营奥秘精华读本》，北京，中国社会科学出版社，2004）

案例 14

三星电子的三维管理模式

案例正文

一、三星电子概况

三星电子（Samsung Electronics），韩国企业，主营电子、电气设备。

1938 年 3 月，李秉喆在大丘以"三星商会"为名的生意失败。1951 年 1 月，李秉喆重整旗鼓在釜山成立了三星物产株式会社。李秉喆认为电子工业是最适合于韩国国情的产业，于是在 1969 年成立了三星电子公司，生产电视机、录像机等家用电器，并开始进入国际市场。

1974 年，在收购韩国半导体公司 50% 的股份后，开始了三星电子在半导体领域的神话。在此期间，三星集团进入化学和重工业领域，先后设立了三星重工业公司、三星造船厂和三星精密公司。1985 年建立三星数据系统公司（现更名为三星 SDS 公司）。1987 年三星精密公司更名为三星航空工业公司后，三星正式进入航空领域，以前所未有的速度发展其在航空领域的实力。

1988 年将三星电子、半导体及通讯公司合并为三星集团，此次合并有助于优化技术资料并开发多功能、高附加值的产品，提高了三星电子的国际竞争力，向全球领先地位前进。1990 年，三星集团推出第一个能全面运作的 16 兆比特芯片，博得了国际商业机器公司（IBM）、数据设备公司的热烈赞赏。1993 年，三星电子宣布进行称为"新经营"的企业管理改革，并开始进行全方位品质经营和世界顶级战略。2000 年 11 月，三星确立了今后在研发方面将重点确保核心技术与部件的开发；销售方面将重点强化市场，最大限度地缩短整个供给流程所需时间，降低流程费用。同时将以数字为中心进行产业结构重组，将现有流程转换至 E 体系流程。2001 年，三星电子完成全球 ERP 系统，该系统囊括了遍布 47 个国家的 24 家生产设备子公司和 35 家销售子公司。

如今，"三星电子"已经成为世界知名品牌，产品包括笔记本电脑、手机、照相机、显示器、MP3 播放机等，不仅风靡亚洲，还打入了欧美市场。三星电子多次进入世界 500 强企业行列，2010 年三星电子位于世界 500 强的第 32 位。

二、三星电子的管理之道——三维管理模式

（一）三维管理模式介绍

三维管理模式以三星为代表，这里的三维指的是"变革、人才、品牌"。这种管理模式则是指通过变革管理、人才管理和品牌管理来提升企业竞争力、改善企业经营业绩的一种管理系统。

1. 变革

世界上唯一不变的法则就是"变化"。变革是企业保持活力的重要基础，企业经营从来都是以变应变，而不能以不变应万变。企业变革包括多方面，比如战略思维变革、组织结构变革、运营程序变革、企业文化变革、管理模式变革、管理制度变革等。

2. 人才

人才是企业最重要的资源，也是最具能动性的一种资本投入。能否使人才发挥自己最大的潜能，能否让人才对企业忠诚，是企业成败的一大关键。人才的管理，包括选人、育人、用人、留人。

3. 品牌

品牌在企业经营中占据着越来越重要的地位了，其作用已经超过有形资产的作用，已经成为企业的灵魂所在。

一个拥有强势品牌的企业，能够给消费者留下清晰、良好的企业形象、产品形象和服务形象，并且取得分销商的有力支持，从而增强市场竞争力。建立强势品牌，要全力维护和宣扬品牌的核心价值，营销传播以品牌核心价值为导向，通过与消费者的深度沟通，让品牌形象铭刻在消费者的心中，进行规范的品牌管理和有理性的品牌延伸，在发挥品牌最大作用的同时保护品牌。

（二）三维管理模式在三星的应用

1. 三星第一"维"：人才管理

企业间的竞争，归根到底是人力资源的竞争。2002年6月5日，三星电子召开"人才战略总裁研讨会"，三星会长李健熙指出："选拔并培养人才是最高层领导的根本任务。"

三星电子创新人才管理理念，强化人才的系统管理，建起了韩国最大的人才库。在三星电子4.8万名员工中，高级人才约占总人数的25%，其中有硕士近4 000名，博士约1 500名。2001年，在149名新任高级职员中，61名以上是硕士，约占总数的40%，其中在佐治亚大学、哈佛大学等名校取得学位的有28名。

（1）网罗最优秀的人才

三星一直坚持人才不分国籍，在世界范围内选用优秀人才。该公司每年委派人事专员到国外招贤，到美国或欧洲一些国家聘用国外名牌大学毕业的优秀人才。对中国、印度、俄罗斯等人才众多、基础科学力量强大的国家，三星电子在这些国家中选拔优秀人才，然后资助其留学韩国。三星电子每年要招聘350名国外专家和MBA等各种优秀专业人才。三星电子将核心职员分为超级人才和高潜质人才，把他们视为推动公司不断发

展的核心重量级人物。目前，纳入超级人才管理的就有 400 多名。这些特殊职员的年薪，即使是行政级别同样的情况下也会是普通高级职员薪金的 3 倍。三星电子还以优厚的报酬保证员工能有较高的生活水平，员工平均全年工资收入约有 1.45 万美元。各种福利津贴约有 1.15 万美元，合计约 2.6 万美元，而韩国的人均年收入大约才 6 500 美元。

三星的人才政策是："唯才是用"；"人才优劣并不在于学历高低，而在于个人拥有的潜力"；"要不拘一格地选拔人才，如果确实能发挥出水平，就要一视同仁地对待"等。早在 1994 年，三星就已经取消了学历限制，开始面向社会招聘人才。目前，三星电子的高级主管共有 421 位，其中通过公开招聘被录用的人才占总数的 66%，其余 34% 的人才均是从其他公司挖来的。三星对那些自学成长的软件专家，甚至"黑客"高手也视为重要的人才。

三星电子在人才方面的努力，已经收到显著的成效。1999 年以后连续三年，三星电子的专利注册总数均名列世界前 10 强，2001 年，三星电子申请专利的数量跃升为全球第 5 位，仅在美国专利商标部（USPTO）就注册了 1 450 项专利。三星电子将知识产权看做企业"最重要的财产"，在研产部门配备大量人才，并不断地对研发领域进行投资。三星电子的员工总数约 4.8 万名，其中研发人员就有 1.7 万名，超过员工总数的 30%。以移动通讯部门为例，该部共有 9 500 名员工，其中研发人员 4 500 名，接近总数的一半。此外，三星电子还在美国、日本、英国、印度、俄罗斯分别设有研发中心，共拥有 700 多名研发人员。三星电子将在专利等级、世界标准化技术等方面，跻身世界前 5 强。

（2）以培训造就高素质的员工队伍

在人才培养方面，三星一直都是不惜重金。

该公司每年投入巨额资金，派遣 200 余名人才到海外研究所进修先进技术，旨在使这些高端技术能在未来实现商用化。三星电子以高级职员为对象，强化他们的外语学习，并通过相关培训，使之以最快的速度适应国际技术发展。三星电子每年投入再教育系统的资金额达到 500 亿韩元（约 5 000 万美元），平均每人超过 100 万韩元（约 1 000 美元左右）。CEO 李健熙在 1990 年发表了二次创业宣言，并设立了占地 7 200 平方米的三星电子尖端技术研究所，作为专门进行职员再培训的基地，每年培训人员超过 3 000 名。2001 年，该研究所共开设了 97 门培训课程，涉及三星电子未来发展方向的战略将直接出现在教材里。

与高校联合办学，也是三星人才培养的重要举措。三星电子公司工作与学习相结合的体系已经发展为与韩国一流大学共同办学的规模，形成"1+1"和"2+2"的教学模式，铺设了一条工作学习两不误的成才之路。与三星电子合作办学的名校包括延世大学、高丽大学、成均大学（半导体）、汉阳大学（软件）、庆北大学（电子工学）等。其中，"1+1"方式为取得硕士学位而设，即攻读该学位的人员第一年在研究生院学习，第二年到三星电子相关业务部门工作，修完全部硕士课程。"2+2"方式为取得博士学位而设，该学位所学课程的知识产权经过注册，归三星电子与合作大学共同拥有。1993

年9月，三星电子还独立创办了"CEO学校"。这所学校旨在让所有850名集团经理们接受6个月的重新教育，其中3个月在韩国，3个月在海外，后者主要在于强化外语学习。

为了增加员工的国际经验，三星电子每年选出400名在公司工作满3年以上的职员，给他们支付足够的费用，送他们出国。李健熙期望他们回国时能对驻在国的语言和文化有相对详实的了解。这些人回到韩国呆上几年后，将返回他们去过的国家，去推销三星电子的产品。为了培养职员的基本经营技术和对公司的奉献与忠诚，三星电子开办了"三星人力资源开发中心"，公司员工平均每年都要到公司开设的学校里学习16天，学习内容主要是技术培训，另外还学习高效谈判技术和中国、日本周边国家的政治、经济结构等课程。

在新员工培训方面，三星电子也独具特色。每录用一批新员工，不分部门按300名编制成一队，集体住宿，进行为期1个月的培训。培训日程安排得非常紧凑，从清晨一直到晚上，而且学习非常紧张。第二年夏天，所有满1年工龄的员工被召集在一起，举办三天两夜的夏季集训，培养员工之间互相帮助、平等融洽的关系。培训是形成员工之间凝聚力的最有效的途径。

三星在人才培养方面，获得了丰厚的回报，为三星的持续发展打下了坚实的基础。

（3）科学的人才考评管理

在人才考评与奖惩方面，三星电子的基本原则是："按能力区分人才，凭业绩回报人才。"对部门工作评价，三星每半年进行一次，按实际收益、资金流动量、每周利润率等因素综合考虑后评价出A、B、C三个类型，27个级别。根据评价结果，如果获得最优秀的等级，那就能拿到相当于年薪300%的奖金，反之，如果被评为最末的等级，这意味着可能一分钱都拿不到。三星电子采用同样的方法评价新员工，两三年内，按照各自能力的不同，新招员工的年薪最高可以拉开2倍的距离。

对于各分公司负责人等高级人员，其年薪中基本职务工资所占比重不超过25%，其余75%由以下指标考核确定：股票上涨率、收益性指标、实现既定目标、实际营业额等。对于一般高级职员，基本职务工资占年薪总数的60%，其余部门由实际业绩考核指标决定。

对部门主管级别人员的提升，也是根据工作考评来确定。业绩不同，提升的速度也就不一样。例如，数字多媒体网络部社长从理事的级别待遇进入三星电子后，历时15年，是一步一个台阶地升到社长职务的；而信息通讯部社长自1996年进入公司，前后短短5年就登上了社长宝座。为三星电子每年创利最多的骨干人才们大部分都是快马加鞭地疾驰在通向成功的大道上。

（4）加强人员控制

对于腐败，三星电子是深恶痛绝的，一旦发现即会严惩不贷。如果是负责人，他管理的公司涉嫌存在资金问题，查实后他必须当天提交辞呈。2001年，三星物产建设部、三星电子半导体采购部集体腐败现象被曝光后，三星电子坚决辞退了所有相关人员。对一般员工也非常严格。有一名职员收取了交易对方以出租车费名义给的42.5美元，没有退还，根据三星电子的规定，这是一种受贿行为，为此受到严厉处分。对于因腐败除名的员工，特别是高级职员，三星电子将其列入一本"禁止出入人员名单"的名册，放在三星电子总部的会客室，不准他们进入公司的大楼。

为了让监察成为一种常规性的工作，三星电子专门成立了各分公司及总部的经营监察组。该机构的主要任务包括三项：

一是坚决揭露腐败，惩治腐败。

二是采取措施以避免产生腐败，并从客观角度对那些存在腐败隐患的公司或事业部门进行检查。

三是在监察过程中发掘并培养未被领导发现的优秀人才。

除了把经济问题当作腐败外，三星还把不正当的人际关系归为腐败。由同学结成的学缘关系、同乡结成的地缘关系和同部门结成的人缘关系等都属于不正当的人际关系。

三星的监察控制工作不仅防患腐败，并且发现了很多人才，从 1997 年至 2001 年五年间，经营监察组提拔了近百名优秀人才，有的直接从科长级提升为次长或部长级。

2. 三星第二"维"：变革管理

三星会长李健熙具有与其父迥然不同的个人风格。李秉喆创建并用铁腕经营三星，三星集团内部因此建立了一套等级森严的管理制度。李健熙却认为，三星集团要持续发展，必须进行管理改革，改变家族式的管理，打破等级管理。

(1) 推行"新经营"

早在 1993 年，三星电子就开始实施"新经营"，提出"改变才能生存"、"除老婆孩子外，任何事情都能改变"等思想，开展了一场三星管理的革命。

"新经营"的核心是"变"，就是改革一切不适应生产发展的管理机构、管理手段、产品结构、技术开发、营销理念以及企业文化等，开展"产品一流化，为顾客提供全方位服务，树立优秀企业公民形象"的企业经营革新运动，以全面提高企业的市场竞争力。

在实施"新经营"过程中，李健熙重新审视了三星电子创业以来赖以发展壮大的多元化经营策略，集团经营的产品门类繁杂，无所不包，小到饼干糕点，大至飞机轮船，几乎遍及经济生活的各个领域。李健熙力图改变"横跨多种行业，拥有一般技术"的经营管理状况，将"大杂烩"压缩成电子、机械、化工和金融四个核心部门，实行结构调整，突出高新技术，培育尖端人才，争创名牌产品。

(2) 实施结构调整

1996 年下半年，半导体市场出现危机，紧接着又是亚洲金融风暴。在这生死存亡的危难时刻，三星电子义无反顾地进行结构调整，大刀阔斧地进行一系列改革。结构调整确立的一个重要原则，是使企业向高端产品制造商蜕变，大胆而果断地撤销局限型以及辅助型产业，以半导体及移动电话等高利润产品为主进行结构重组。

三星电子将原有各项产业分为"种子事业"、"苗圃事业"、"果树事业"和"枯树事业"四大类，并分别采取相应对策：

① "种子事业"是指在未来 5～10 年间会给企业带来收益的"下一代"产业，需

要从现在开始果断地寻求技术、资金和人才支持，打好基础，如移动通讯系统、网络、非存储器等。

②"苗圃事业"是指那些尽管目前无法大幅盈利，但将来发展前景良好的产业，需要强化技术开发，尽快提高产品品质以及市场营销能力，先一步抢占市场，如数字电视、TFT-LCD等。

③"果树事业"是指已经主导市场发展的产业，需要通过强化该产业优势，以确保三星电子稳固的王者地位，如大型彩电、显示器、笔记本电脑、移动电话及存储器等。

④那些已经停止生长，难以期待其产出果实的产业，基本都属于"枯树事业"，对此要果断地加以整顿，毫不留恋地迅速砍伐，即使目前尚有盈利，但从长远发展来看没有前途的，也要坚决整顿。李健熙苦心经营的富川半导体工厂虽然每年销售达4千亿韩元、净利润过千亿韩元，但为了坚持彻底进行产业重组，只能忍痛割爱卖给美国仙童（Fairchild）半导体公司，一切以有益于企业长远发展为前提。三星电子前后将其10个事业部卖给海外财团，其中包括将三星重工业的建筑机械卖给瑞典沃尔沃、三星叉车卖给CLARK等。

在这次变革中，三星经历了一场深层次的动荡。1997—1998年两年间，三星电子共整顿了包括小型家电及无线寻呼等在内共34项产业、52个品种。一些不重要的公司，如百货公司和造纸厂等，转卖给他人。简单消费电器的生产转移到其他国家。其中，将音频产业移交给中国惠州工厂，吸尘器等小型家电制造转让给三星广州电子公司。同时，将42家服务部门、物流部门予以剥离，出售多种资产，将三星电子所持韩国惠普45%的股份全部出售给惠普公司。集中资金发展未来行情看好的产业，重点在本国生产制造如计算机等高新技术产品。1996年底至1999年底，三星电子的员工总数由8.5万名减至5.4万名，即3名员工中就得有1名被裁减。

（3）管理变革

三星在产业结构和人员调整的基础上，建立了"三角形管理框架结构"：三角顶点是三星会长李健熙，负责指引经营方向及部署战略目标，在大方向上把握全局，如将三星电子带入半导体领域，1988年主持合并了三星电子与三星半导体，带领部下奋力打造出众多世界顶尖产品等。

三角形的另一个点是结构调整本部，负责协助会长及总裁团体成功实施战略决策，与号称"智囊团"的三星经济研究所齐心协力为三星电子勾画出未来战略的蓝图，同时还担当着"监察队"角色，主要负责调整几家分公司的经营状况，就连三星电子的总裁团制定实际经营战略、战术时，都要好好地参考他们的意见。

三角形的第三个点是总裁团，负责具体组织指挥，实施具体战略计划，即如何开展实际经营活动。"三角形管理框架结构"使三星电子经营风险降至最低，从而提高了市场竞争力。

在管理方法上，三星也做出了重大的变革。过去，对三星所属的公司实行集中管理，使用统一管理标准，包括低级主管的任命都由总裁办公室控制。调整之后，三星电子集团分设电子、机械、化工和金融四个核心部门，每一部门由一位副总裁领导。每个副总裁都拥有完全的管理和经营自主权，包括任命高级主管人，副总裁对总裁负责。这种分权管理的方法，增强了管理责任，提高了管理效率。

变革管理使三星电子顺利渡过了亚洲金融风暴造成的危机，而且增强了企业的凝聚力和向心力，使之集中力量在高新技术领域得到快速发展。在三星，结构调整，并不是困难时采取的权宜之计，也不是一次性的方案，而是应对不断变化的外界环境的经常性措施。如今，三星电子不仅仍然保留着一套完整的结构调整体系，而且企业结构调整的步伐始终没有停止。三星电子继2001年分离了MP3产业之后，又于2002年变卖了工厂自动控制器产业，从而使产业更加集中，发展更加快捷。

3. 三星第三"维"：品牌管理

亚洲金融危机让三星的品牌问题暴露无遗。单就品质而言，三星电子的产品并不次于日本产品，但当时却始终无法跻身于世界一流。20世纪80年代末至90年代初，三星电子的品牌形象曾一度大受挫折。"三星"微波炉堆积成山，后来不得不打折处理，在美国消费者心目中留下了二流甚至三流品牌的印象。廉价甩卖的结果是进一步损坏了品牌声誉，陷入一种难以自拔的恶性循环之中。

1996年5月，三星电子决心打一场品牌翻身仗，把三星产品的三流形象进行提升。1997年12月，三星电子确立了品牌战略，制订了一整套具体实施方案。

（1）实施体育营销

三星电子不惜重金出击奥运赛场，强力营造品牌声势，把这种方式作为市场宣传的核心手段灵活加以运用。

1998年，日本长野举行冬奥会，已经确定了11家公司为赞助商，三星电子经过多方努力，终于成功地列入正式赞助商的名单，将奥运赛场当成宣传其产品的最佳大擂台，为"三星"日后成为一流品牌埋下了伏笔。从那以后，三星电子频繁地出现在各大赛场，先后成为2000年悉尼夏季奥运会、2002年盐湖城冬季奥运会的正式赞助商。在盐湖城冬季奥运会期间，三星电子在当地设置了展示馆，参观人次高达20多万人，平均每天有1万多人体验"三星"数字技术带来的激情。三星电子"趁热打铁"，以此为契机把美国市场对"三星"电子品牌的认知度大幅提高到89%。

除了奥运重大赛事外，三星电子对各目标地区的各种各样的体育赞助活动也在十分频繁地进行着。三星电子还通过亚运会、LPGA旅行高尔夫精英赛、三星国家杯马术大赛等体育盛事，向全世界宣扬"三星电子世界级尖端企业"的概念。当中国申奥成功时，三星电子趁机在中国30个城市举行大规模促销活动，免费赠送2 002部手机。2001年11月—12月，中国地区销售额比上年同期增长了40%。目前，三星电子已成为2008年中国奥运会的正式赞助商。

（2）实施品牌战略

三星电子实施了自上而下的品牌战略，竭尽全力打造"三星"品牌，确立"三星"的品牌地位。

三星电子高级职员制定了四大数字化产业战略原则：对市场变化要具备先见之明，

行动上要先下手为强，要领先对手一步并先发制人，在市场运作上要抢占先机，称为"先见、先手、先制、先占"。

三星电子成立了年规模为 1 亿美元的"集团共同品牌市场基金"，明确规定，除三星电子外，海外各分公司不得擅自使用"三星"标牌，如有特殊情况，则必须取得集团品牌委员会同意后方可使用。

（3）产品高端化

三星电子调整了品牌营销路线，选定美国及欧洲一些发达国家为主要市场，正面树立"三星"作为数字企业的形象。

三星悄悄地从所有折扣商店中撤出他们的商品，将 DVD 播放机、电视、电脑等产品搬到迎合高层次消费者的高档专卖店。

1998 年，三星电子提出了"三星数字世界欢迎您"的宣传口号，期望通过这个口号传达这样的含义："三星电子是一家充满开放意识并让人感觉亲切的高端数字企业，它期望能更多地开发新型、多功能的产品，让每个人的生活变得更加便利、丰富和舒适。"

三星电子大幅度调整产业结构，企业经营从恶性循环转换成良性循环，即从"低品质→低价位→品牌价值降低→销售状况不良→利润严重降低"转变为"把握消费者需求→适当时机推出新产品→抢先一步攻占市场→确保加价产品流通→销售额增加→品牌价值提升→利润增加"。

2001 年，三星电子在中国推出一款翻盖式超薄"双屏"手机，售价 360 美元，价格比摩托罗拉、西门子等同档次产品要贵 2 倍多，但该手机深受年轻女性喜爱，以她们为主要消费对象共卖出 30 多万部。

2002 年 8 月，三星电子在海外市场上推出了一款具备无线通讯功能的 NEXIO 手提电脑，售价为 800 美元，而具备同样功能的康柏 IPACK3800 型产品仅售 640 美元。融合 VCR、DVD "玩家功能"于一身的三星 DVD 仅售 229 美元，该价格是索尼 DVD 播放机售价的 1.5 倍，尽管价格不菲，仍然卖出 60 多万台，荣登 2002 年市场份额榜首。

（4）广告投入

为提高品牌知名度，三星在广告上面投入大量资金，仅 2001 年的广告投入就高达 4 亿美元。通过强大的品牌宣传攻势，"三星"品牌知名度大大提高。美国权威经济媒体《商业周刊》报道，1999 年，"三星"跻身"全球最有价值的品牌"，排名第 75 位，2001 年已升为全球第 42 位，2002 年升至全球第 34 位。

分析启示及思考

一、分析启示

"三星电子"是韩国的明星企业，也是世界知名品牌，多次进入世界 500 强企业行列，2010 年名列世界 500 强第 32 位。这些辉煌业绩的取得得益于它著名的"三维管理模式"。三维指的是"变革、人才、品牌"。这种管理模式则是指通过变革管理、人才管理和品牌管理来达到提升企业竞争力,改善企业经营业绩的一种管理系统。

"三维管理模式"的第一"维"是人才管理。三星会长李健熙指出:"选拔并培养人才是最高层领导的根本任务。"三星电子创新人才管理理念,强化人才的系统管理,建起了韩国最大的人才库。第二"维"是变革管理。三星会长李健熙认为,三星集团要持续发展,必须进行管理改革,改变家族式的管理,打破等级管理。第三"维"是品牌管理。三星通过实施体育营销、品牌战略、产品高端化、高额的广告投入等一整套方案,竭尽全力打造"三星"品牌,确立"三星"的品牌地位。

三星公司的"三维管理模式",紧紧抓住了现代企业发展的命脉,并以独到的眼光和科学的手段,实现了三星的辉煌。三星的"三维管理模式"同样适用于中国企业。

二、问题与思考

1. 三星电子的三维管理模式对我国的企业管理有何启发?
2. 三维管理模式中的三维之间有何关系?

经营秘诀

500 家大企业创始人的通用法则

安东尼卡索:《今日美国》新闻研究部主持人。他花数年时间整理了美国 500 个大型企业创始人创业成功的通用原则,具体如下:

1. 要从事你有兴趣的行业。
2. 事业是雄心造成的,如果没有雄心,还是为别人工作比较好。
3. 人才,人才,人才,找最好的人才。
4. 如果你无法把产品销售出去,千万别创业。
5. 注意财务管理,有些公司因为太成功而出轨。
6. 成长速度千万别超过本身可掌握的能力,当你控制成本时点尤其重要。
7. 开始以后,找有专长的人,雇用他们,授权给他们。
8. 每件事的代价,都比你想象的高,做事要保留一点缓冲,成功是不能讨价还价的。
9. 所谓危机,就是危险中还有机会。
10. 坚持到底最为重要。

(资料来源 胡卫红:《世界 500 强创始人的 16 个商业信条》,北京,企业管理出版社,2004)

第四章 营销篇

▲ 案例 15 ▲

戴尔：演绎直销的先行者

案例正文

一、戴尔公司概况

戴尔（Dell），美国企业，主营计算机办公设备。

总部设在德克萨斯州奥斯汀（Austin）的戴尔公司于1984年由迈克尔·戴尔创立。他是目前计算机行业内任期最长的首席执行官。他的理念非常简单：按照客户要求制造计算机，并向客户直接发货，使戴尔公司能够最有效、最明确地了解客户需求，继而迅速做出回应。这个直接的商业模式消除了中间商，这样就减少了不必要的成本和时间，让戴尔公司更好地理解客户的需要。这种直接模式允许戴尔公司能以富有竞争性的价位，为每一位消费者定制并提供具有丰富配置的强大系统。戴尔公司目前在全球共有约8万名雇员，多次被《财富》杂志评选为世界500强企业，2010年，戴尔位于世界500强第131位。

二、戴尔的经营管理之道——直销模式

戴尔的成功，完全在于其独特的销售模式——直销。戴尔电脑在最初进入市场时，通过在精选的电脑杂志上做广告，得到消费者直接反馈的信息，然后将电脑直接销售给最终用户。不久，公司又通过电话来做销售业务。在最初几年中，戴尔公司的电脑产品几乎都是通过邮政快递和航空快递直接送到消费者手中，摒弃了中间商、批发商或零售商。

（一）戴尔公司的"黄金三原则"

戴尔的"黄金三原则"是：坚持直销、摒弃库存、与客户结盟。

1. 坚持直销

戴尔的直销模式，也被称为"直接商业模式"（Direct Business Model），即先建立

一套与客户联系的渠道，由客户直接向戴尔发订单，订单中可以详细列出所需的配置，然后由戴尔"按单生产"。实质上就是简化中间周转、消灭中间商。戴尔的库存几乎为零，也没有其他的额外成本，所以他们有能力向顾客提供更低的价格，并由此得以迅速扩张。更重要的是，通过此种方式能收集到更多顾客对产品各服务需求的有用信息。

（1）细分市场

戴尔公司与大多数公司不同，除了做产品细分外，还做顾客细分。因为随着对每一个顾客群认识的加深，对于他们所代表的财务机会就更能进行精确的衡量，同时，也可以更有效地衡量各营运项目的资产运用，通过评估各个细分市场的投资回报率，并与其他市场做出比较，制定出今后的绩效目标，如此就能使各项业务的全部潜能得以充分发挥。戴尔的观点是，把目标分得越细，就越能准确预测出顾客日后的需求，从而与供应商协调，把信息转换为应有的存货。直销的好处在于省去了中间环节，直接面对客户，更加有利于双方加深理解。一方面，客户得到了自己最想要的电脑；另一方面，戴尔对客户的要求也有了深入的了解，为今后提供更好的售后服务打下了基础。

研究显示，在 1994 年，戴尔公司的顾客还只有两类：大型顾客和小型顾客（包括一些商业组织和消费者），该年度公司的资产为 35 亿美元。公司发展到 1996 年，就从大型顾客市场中细分出大型公司、中型公司、政府与教育机构三块市场，同年公司资产升至 78 亿美元。1997 年，戴尔又进一步把大型公司细分为全球性企业客户和大型公司两块市场；政府与教育机构市场则细分为联邦政府、州政府和地方政府、教育机构三块不同的市场；小型顾客则进一步细分为小型公司和一般消费者两块市场，当年公司资产攀升到了 120 亿美元。

（2）研究顾客胜过研究竞争对手

许多人都认为，戴尔的这种直销模式只在美国适用，在别的国家可就不一定行得通了。戴尔公司进入中国后，这种怀疑的声音更为响亮了。因为有许多外国企业由于坚持自己的经营方式，一味地让中国消费者去适应而导致惨败。但有一点必须注意的是，戴尔公司经营的核心在企业，而不在个人消费者。戴尔说："直销模式可应用于各种文化背景。如果你的设想真的有强大的生命力，就不要理会那些'不行'的人，而应招聘拥护你的人。"

（3）将直销应用于网络

戴尔进一步推行直销模式，建立了公司的网上销售渠道。在美国戴尔公司的网上销售额现已占销售总额的一半。戴尔不仅打算利用互联网销售产品，还想利用它整合从零部件供应商到最终用户的整个供应链。

2. 摒弃库存应用于网络

戴尔模式的核心是摒弃库存，即以信息代替存货。同样做一件事，如果产生方式不同的话，那么产生的利润空间则可能完全不同。戴尔模式利用摒弃库存赚取利润的方式是在打用户贷款与供应商中间的时间差。

直销和分销最大的区别在于"库存因素"。传统分销渠道代理是存储货物的水渠，厂商的库存是压在分销渠道中的，这样来保证所谓的零库存。直销模式同样会遇到库存问题。该库存问题的实质表现在两个方面：一是库存管理的能力；二是与零件供应商的协作关系。与供应商协调的重点就是精确、迅速的信息。戴尔致力于不断地寻求减少库存，并进一步缩短生产线与顾客家门之间的时空距离。按单生产使戴尔彻底实现了"零库存"。零库存的优势在于减少了资金的占用和作为 PC 行业的巨大降价风险。速度可以说是直销的精髓，优势体现在库存成本上，特别是计算机产品更新速度快、价格波动频繁，更使库存成本体现得淋漓尽致。据调研数据显示，戴尔在全球的平均库存天数可以降到一星期之内，而一般 PC 机厂商的库存时间为两个月，这就是戴尔直销的优势。

3. 与客户结盟，提高客户的忠诚度

直销模式的最大优势是与客户结成同盟。戴尔对客户和竞争对手的看法是"想着顾客，不要总想着竞争"。"贵宾网页"是戴尔最具有创新性的顾客服务形式，它包含了 8 000 个迷你网站，这 8 000 个迷你网站是戴尔针对每一位重要顾客的特定需求，精心设计的企业个人电脑资源管理工具。企业顾客可以在这些网页上找到企业惯用的个人电脑规格与报价，并网上订购，同时还可以进入戴尔的技术支持资料库下载资讯，为负责管理企业电脑资源的员工省下许多宝贵的时间和精力，得到企业界的一致赞誉。

不久前，戴尔电脑把"随订随组"的作业效率发挥到供应体系之中，比其他个人电脑制造商领先一步。戴尔的直销营运模式让公司更清楚地掌握了实际销售量，因此，戴尔的存货量维持在一周以内。戴尔现在打算与供应商共享优势资源，利用网络为重要的供应商提供更新的资料，时间可以达到每小时更新一次。戴尔与供应商的原料进货之间的连接是其成功的关键。这个连接越紧密有效，对公司的反应能力就越有好处。戴尔的需求量是由顾客需求而定的，前置期通常在 5 天之内，而其手边的原料只有几天的库存，但通过网络技术与供应商之间保持的完善沟通，知道库存情况与补货需求就不难了。

（二）戴尔的直销方式

严格来讲，戴尔的经营方式与目前社会上流行的间接销售和一般意义上的直销都不相同。直销的精确定义是什么？简言之，就是企业的产品不经过中间环节转售而直接推销给最终用户的直销方式，称为直销。戴尔的直销就是如此的简单：通过直销人员或电话、传真、因特网的订购来组装计算机，就是这样一个单一的战略，却迅速推向全球领域并使它成为一种广泛认可的模式。

1. 电话直销

简便、快捷是戴尔直销模式最可称道的一点。无论公司规模大小，只需一个电话号码或一个邮政信箱，就可以进入市场。顾客也是一样，无论相隔多远，订购电脑只需拨通 800 免费电话即可。在美国，顾客购买戴尔电脑的典型方式到目前为止仍然是拨打公司的电话。当顾客给戴尔公司打通电话后，首先进入电脑声讯控制系统，语音会提示打电话者进行服务内容的选择：

拨打分机号，按通某个营销员；

拨"2"，进入机构、大学或大型公司购买程序；

拨"3"，进入小型公司或个人购买程序；

拨 "4"，反映所购产品出现的问题；

拨 "5"，需要公司提供紧急支持。

之后，顾客的电话就会被接到，开始进行电脑订购，回应请示或者进入解决问题的相应渠道中去，接着，顾客所需要的产品或服务就会以最快的速度送到顾客手中。例如，亚太中心有直销电话员 50 多人，每个电话销售员会两种以上的语言，分不同对象回答客户的各种问题，另有技术支持人员 25 人，分不同技术层次回答客户的各类技术问题。

2. 网上销售

戴尔在 1995 年开始通过电子商务实现网上销售。今年，每年的网上销售收入达到 500 万美元。

3. 按单生产

在 1996 年 1 月，一位中国记者曾到戴尔公司马来西亚工厂亲眼见到工厂照着一张配有数十个零部件的订单装配 PC 机，这只是戴尔工厂按单生产的一个缩写。

4. 现场销售

由技术人员直接到政府、银行、企业介绍推销产品和服务。戴尔的客户中心按客户要求配置不同的、个性化的产品。例如，你不想在你想买的电脑中配声卡，那么只要不选择声卡这一项即可，在你做了全部选择之后，因特网网站会告诉你价格、付款方式和有关身份资料及交货地址，这台电脑将两天内送货上门。

顾客类型不同，直销方式有别。戴尔公司的顾客主要有两大类：一类是大客户市场，主要是规模很大的企业、政府机构；一类是中小企业和家庭用户。戴尔公司有一支自己的直销员队伍。对于大型客户，一般由戴尔公司的直销员直接上门面对面地介绍公司产品，当客户了解并且认可戴尔公司及其产品之后，便可根据自己的实际情况向戴尔提出订货，由客户决定所购的计算机配置和软件。

对于小型客户，戴尔公司主要靠广告的方式来宣传自己，而且重点面向已经用过计算机的用户，由这些目标顾客自己确定需要的计算机配置，然后通过电话或电脑网络向戴尔公司订货。无论对于哪种顾客，戴尔公司都是根据顾客的要求向工厂下订单，生产出来产品后直接送货给顾客。

（三）站在供应商和用户的肩上

1. 戴尔左脚站在供应商肩上

与直销结合的生产方式是零库存、快速制造、按订单生产。随着计算机行业的发展，越来越多从事具体部件生产的专业公司应运而生，这样就为建立更为专一、高效的公司提供了机会。戴尔草创之时，根本无法支付生产所有配件的费用，戴尔就利用别人已做的投资，把注意力放在客户的供货方式和系统上。比如，多年前在个人计算机行业里，数十家公司都努力开发自己的图形处理芯片。这里有一个比方，可以说对戴尔非常贴切：如果现在有 20 位选手参加一项竞争，他们终将为谁能生产全球运行速度最快的芯片争得头破血流。你是要成为第 21 位选手加入这场竞争呢，还是对 20 位选手进行评估，然后从中选出最好的一位呢？

聪明的戴尔选择了后者。所以，你看到今天的戴尔自己不制造零件，零件供应商必须在其周围设厂或仓库，以保证按小时计算的供货量。而且戴尔挑选供应商以严格著称，最后选择出的供应商会得到戴尔的充分信任，比如，对供应商的零件不再检查。戴尔认为，供应商最了解自己的产品质量，知道应该如何去把关，如果自己再配备检查人员和设备，完全是一种浪费。戴尔把供应商的技术人员当作自己人，在信息和技术上实现共享，使他们与戴尔发展的步伐保持一致，在客户投诉哪个零部件有问题是由供应商的技术人员到现场去处理，回来后再到戴尔研究改进质量的办法。戴尔可以和供应伙伴共享设计数据库和设计方法，这大大加速了把新技术推向市场的速度，并创造了买卖双方共同分享信息的价值，信息的有效传播使技术在经济方面的成效刺激了合作，使供应商与戴尔融为一体。

2. 戴尔右脚站在客户肩上

戴尔按单装配，按流程单指定的配置制造并及时装箱运给客户。戴尔美国总部每天生产2万台PC机，爱尔兰每天生产9 000台。虽然到1998年仍然受到金融风暴的影响，但戴尔亚太中心订单不但没有减少，而且还呈直线上升的趋势，达到每天1 700~2 000台PC机的产量。

戴尔的聪明之处在于，基本不占用自有资金。客户的订金到手，马上采购，及时装配。对大客户，戴尔与客户融为一体，向客户公司派驻技术人员，帮助客户解决技术问题，成为客户的计算机信息部门，而客户则无须再设相关部门。波音公司是戴尔的大客户之一，他们有10万台戴尔电脑，平均每天要买160台戴尔电脑，因此戴尔派30名技术人员常驻波音公司，实时共享需求与技术信息，然后按这种需求信息组织生产。

这种充分与市场直接交换信息的方式，既准确把握好了营销的供求关系，又省去了花在商业中间环节上的费用，还降低了库存风险，真不愧是一种上佳的经营模式。

分析启示及思考

一、分析启示

戴尔的成功，完全在于其独特的销售模式——直销。戴尔的直销方式就是企业的产品不经过中间环节转售而直接推销给最终用户的直销方式，称为直销。戴尔的直销即是如此的简单：通过直销人员或电话、传真、因特网的订购来组装计算机，就是这样一个单一的战略，却迅速推向全球领域并使它成为一种广泛认可的模式。

戴尔的直销坚持"黄金三原则"，即坚持直销、摒弃库存、与客户结盟。他们通过细分市场、深入研究顾客、与客户结盟、提高客户的忠诚度等一系列手段来完善直销模式。这种直销模式的聪明之处在于：基本不占用自有资金。客户的订金到手，马上采购，及时装配。这种充分与市场直接交换信息的方式，既准确把握好了营销的供求关系，又省去了花在商业中间环节上的费用，还降低了库存风险，真不愧是一种上佳的经营模式。戴尔的直销模式对我国同类企业有重要的参考意义。

二、问题与思考

1. 通过戴尔企业的成功案例，总结直销的概念和基本特点。
2. 通过戴尔企业的成功案例，总结直销的形式有哪些？
3. 你认为直销的弊端有哪些？

经营秘诀

"股神"巴菲特的投资策略

沃伦·巴菲特：世界第二大富豪，最成功的投资家之一，无论在景气或不景气时都能赚钱，一生几乎未有投资失败纪录，堪称奇迹。他的投资策略如下：

1. 至少持有涉及五种商业领域的十种股票，如此既能拓宽财源，亦能规避风险。

2. 至少半年一次重新评估持有的每一种股票。

3. 至少把所有资金的一半投在带来收入的股票中。也就是说，宁可回报率较低而稳获其利，也不要用所有的资金去冒险。

4. 在分析任何股票时都要考虑到最不重要的影响因素。

5. 迅速处理损失，而缓慢地套现利润。

6. 不要把超过25%的资金投入到不能马上、定期得到详细信息的股票上。

7. 像避瘟疫一样避免"内幕信息"——"内幕"通常是"烟幕"。

8. 努力寻找事实，千万不能被别人左右。所谓事实是：你想投资的这家公司其经营状况究竟如何？

9. 不要过分依赖评价股票的公式，金钱不按公式走。

10. 当股价很高，利率上涨，经济繁荣之时，至少应把一半资金投在短期债券上。对股票投资者来说，景气之时也许是灾难之兆。

11. 尽量少借钱或在股价很低、利率很低或正在下跌、经济不景气时借钱。

12. 要留出适当比例的资金，用以购买经营前景十分乐观的公司的长期股票期权。

巴菲特百战不败的原因是理性投资，他有两大法宝：一是事先调查目标公司是否制度健全和经营状况良好；二是确定这只股票目前的价格是否低于其真实价值。这一经验值得每一位投资者借鉴。

（资料来源　胡卫红：《世界500强创始人的16个商业信条》，北京，企业管理出版社，2004）

▲ 案例 16 ▲

迪斯尼的体验营销模式

案例正文

一、迪斯尼企业概况

沃尔特·迪斯尼公司（The Walt Disney Company，TWDC），美国企业，主营娱乐业。

1995 年以前大陆译为沃尔特·迪斯尼，中国台湾译为华特狄斯奈，中国香港译为和路迪士尼，简称迪斯尼，是世界上第二大传媒娱乐企业，1923 年由沃尔特·迪斯尼与兄长洛伊·迪斯尼创立。华特·迪士尼公司旗下的电影发行品牌有：沃尔特·迪士尼影片（Walt Disney Pictures），试金石影片（Touchstone Pictures），好莱坞影片（Hollywood Pictures，已取消），米拉麦克斯影片（Miramax Films）和帝门影片（Dimension Films）。沃尔特·迪士尼、试金石、好莱坞三个品牌与金牌电影制作人杰瑞·布洛克海默有过 10 余次合作。迪士尼与皮克斯、吉卜力有发行方面的合作。沃尔特·迪士尼公司拥有迪士尼乐园度假区、沃尔特·迪士尼世界，授权经营巴黎迪士尼度假区、东京迪士尼度假区和中国香港迪士尼度假区。

沃尔特·迪斯尼公司在娱乐行业的业绩是有目共睹的，多次进入世界 500 强行列，2010 年位于世界 500 强的第 199 位。

二、迪斯尼的经营管理之道——体验式营销

沃尔特·迪斯尼之所以为人们所津津乐道，在于他所创造的以"米老鼠"为代表的卡通形象。他本人不仅是个画家，而且是一个将艺术产业化的企业家，他所创立的迪斯尼乐园世界闻名。人们进入迪斯尼就如同进入梦幻世界，在这里可以看到我们这个星球的过去和未来，从中得到假日的娱乐。靠着"在娱乐中学习知识"的诀窍，迪斯尼开创并主宰了一个全新的卡通世界。迪斯尼的特色在于它生产精神产品、无形产品、文化产品和娱乐产品，目的是为孩子和家长提供娱乐，创造人间的欢乐童话。

迪斯尼是靠什么取得成功的呢？让我们从以下的叙述中来一一探究。

1. 服务为本

注重培训，以此来提高员工的服务。

2. 主题明确

沃尔特·迪斯尼先生早在 40 多年前，就将"迪斯尼乐园"定义为公司的经营目标，即通过主题公园的娱乐形式，带给游客欢乐。

通过主题公园的形式，迪斯尼致力于提供高品质、高标准和高质量的娱乐服务。同时，公司还提供餐饮、销售旅游纪念品，经营度假宾馆、交通运输和其他服务支持行业。迪斯尼品牌、米老鼠、唐老鸭、古非等动画人物，均享有极大的影响力和商誉，包含着巨大的经济利益。然而，整个迪斯尼经营业务的核心仍是"迪斯尼乐园"本身。而该乐园的生命力在于能否使游客欢乐。由此，给游客以欢乐，成为"迪斯尼乐园"始终如一的经营理念和服务承诺。

3. 引入第五个 P

沃尔特·迪斯尼是最先认识到团队及伙伴关系威力的人。他是将"人"（People）引入为第五个 P 的典范，他坚信员工的"内部营销"在前，对顾客的"外部营销"在后。他向员工营销的是"对顾客的积极态度"。在迪斯尼乐园工作过的人员在使顾客满意这方面尤其擅长。管理部门对员工的关心使员工感到自己是重要的，并且对"演出的节目"极为负责。员工们身上洋溢着的那种"我是组织的一员"的感觉，感染着他们所接待的每一个顾客。

4. 体验也是考试

许多游客慕名远道而来，在乐园中花费时间和金钱。迪斯尼深知绝不能让游客高兴而来，失望而去。哪怕只有一次，也是绝不允许的。只有游客感到了欢乐，他们才会再次光顾，才会成为最佳的口碑宣传者。而能否吸引游客重复消费，正是娱乐业经营兴旺的奥秘和魅力所在。其实，游客对欢乐的体验，客观上是对员工服务质量的间接评价。所以，员工们提供的每一种服务，都是事关服务圈整体的各个"关键时刻"。游客们在一系列"关键时刻"中体验着服务质量，并会记住其中最好的和最差的。

因此，公司"给游客以欢乐"的经营理念，必须转化落实到每一员工的具体工作中，成为员工们的工作理念和服务承诺。为了实现服务承诺，迪斯尼公司花大力气，对员工工作表现进行评估和奖励。凡表现欠佳的员工，将会重新培训，或受到纪律处罚。

5. 追求完美

此外，迪斯尼公司在经营中力求完美，不断改进和提高服务质量。任何时候，整个乐园中都有 10%~20% 的设施正在更新或调整，以期给予游客新的刺激和欢乐。尽管追求完美永无止境，但通过追求完美的努力，可将工作推进到更高的境界和标准。

6. 打造欢乐氛围，共同体验和营造

由游客和员工共同营造"迪斯尼乐园"的欢乐氛围，而不是公司在唱独角戏。这一理念的正向推论为，园区的欢乐氛围是游客和员工的共同产品和体验，尽管双方对欢乐的体验角度不同，但经协调完全能够达到统一；逆向推论为，如果形成园区欢乐祥和的氛围是可控的，那么，游客从中能够得到的欢乐也是预先可知的。

在共同营造园区氛围方面，员工起着主导作用。主导作用具体表现在对游客的服务行为表示上。这种行为体现在与顾客接触的每一个细节上，这也是引导游客参与营造欢乐氛围的另一重要方式。游客们能同艺术家同台舞蹈，参与电影配音，制作小型电视片，通过计算机影像合成成为动画片的主角，亲身参与升空、跳楼、攀登绝壁等各种绝技的拍摄制作等。

7. 是"角色"而不是"工作"

在"迪斯尼乐园"中，工作在这里的员工们得到的是一种角色，而不是一份工作。员工们身着不同的演出服装。他们仿佛不是为顾客表演，而是在热情招待自己家庭的客人。他们表现的不是他们本人，而是一种具体角色。根据特定角色的要求，员工们要热情、真诚、礼貌、周到，处处为客人的欢乐着想。也就是说，员工们的主体角色定位，是热情待客的家庭主人。

8. 信息搜寻

信息中心存有大量关于游客需求和偏好的信息。具体有人口统计、当前市场策略评估、乐园引力分析、游客支付偏好、价格敏感分析和宏观经济走势等。其中，最重要的信息是游客离园时进行的"价格/价值"随机调查。正如沃尔特·迪斯尼先生所强调的，游园时光绝不能虚度，游园必须物有所值，因为游客只愿为高质量的服务买单。

9. 把握游客需求

为了准确把握游客需求，迪斯尼致力于研究"游客学"（Guestology）。这样做的目的是为了了解谁是游客，他们最初的需求是什么。在这一理念的指导下，迪斯尼站在游客的角度，审视自身每一项经营决策。在迪斯尼公司的组织构架内，准确把握游客需求动态的工作，由公司内调查统计部、信访部、营销部、工程部、财务部和信息中心等部门，分工合作完成。

调查统计部每年要开展 200 余项市场调查和咨询项目，把研究成果提供给财务部。财务部根据调查中发现的问题和可供选择的方案，找出结论性意见，以确定新的预算和投资。营销部重点研究游客们对未来娱乐项目的期望、游玩热点和兴趣转移。

10. 信访

信访部每年要收到数以万计的游客来信。信访部的工作是尽快把有关信件送到责任人手中。此外，把游客意见每周汇总，及时报告管理层，保证顾客投诉得到及时处理。

11. "游客学"的核心

迪斯尼的特色何在，如何创新和保持活力？这是研究"游客学"的核心。

把握游客需求动态的积极意义在于：其一，可以及时掌握游客的满意度、价值评价要素和及时纠偏。其二，支持迪斯尼的创新发展。从这一点上来看，恰是游客需求偏好的动态变化，促进了迪斯尼数十年撒网创新发展。

12. 现场走访

现场走访是了解游客需求最重要的工作。管理层经常到各娱乐项目点上，直接同游客和员工交谈，以期获取第一手资料，体验游客的真实需求。同时，一旦发现系统运作有误，及时加以纠正。

13. 开发新项目

工程部的责任是设计和开发新的游玩项目，并确保园区的技术服务质量。例如，游客等待节目时的排队长度、设施质量状况、维修记录、设备使用率和新型娱乐项目的安装，其核心问题是游客的安全性和效率。

14. 统一服务处事原则

服务业成功的秘诀在于，每一员工对待顾客的正确行为和处事方式。对于迪斯尼"使游客欢乐"的经营理念，公司要求员工学会正确与游客沟通和处事。为此，公司将统一服务处事原则作为标准，其要素构成和重要顺序依次为安全、礼貌、演技、效率。游客安全是第一位的。与安全相比，礼貌则处于次一等的地位。同样，公司以此服务处事原则，考察员工的工作表现。

15. 明确岗位职责

"迪斯尼乐园"中的每一个工作岗位，都有详尽的书面职务说明。工作要求明白无误，细致具体，环环紧扣，有规可循。同时强调纪律、认真和努力工作。每隔一个周期，严格进行工作考评。

16. 努力提高员工素质

管理者具备创新能力和高超的领导艺术。领导应对未来发展规划出全新的蓝图，并以此激励员工。迪斯尼的管理者努力使员工们懂得，这里所做的一切，都将成为世界娱乐业的主流和里程碑。迪斯尼制定 5 ~ 10 年中长期的人力资源规划，并每年更新一次。在经营管理中，每年都拨出足够的经费预算，进行人员培训。

17. 推进企业文化建设

创誉难，守誉更难。公司经常对员工开展传统教育和荣誉教育，告诫员工，迪斯尼数十年辉煌的历程、商誉和形象，都具体体现在员工们每日对游客的服务之中。

18. 岗位交叉互补

管理者对园区的服务质量导向起着表率作用。管理者勤奋、正直、积极推进工作，员工们自然群起效仿。在游园旺季，管理人员放下手中的书面文件，到餐饮部门、演出后台、游乐服务点等处，加班加点地工作。这样，加强了一线岗位，保证了游客服务质量。与此同时，管理者也得到了一线员工一份新的友谊和尊重。

19. 完善整个服务体系

"迪斯尼乐园"的服务支持系统，包括一架电话、一台电脑、电力系统、交通运输系统、园艺保养、中心售货商场、人力调配、技术维修系统等。这些部门的正常运行，均是"迪斯尼乐园"高效运行的重要保障。

20. 由游客评判服务质量

迪斯尼认为，服务质量应是可触摸的、可感受的和可体验的，并且游客掌握服务质量优劣的最终评价权。公司指出，游客们根据事先的期望值和服务后的体验，加以比较评价，然后确定服务质量之优劣。因而，迪斯尼教育员工，一线员工所提供的服务水平，必须努力超过游客的期望值，从而使"迪斯尼乐园"真正成为创造奇迹和梦幻的乐园。

分析启示及思考

一、分析启示

迪斯尼公司，主营娱乐业。迪斯尼的特色在于它生产精神产品、无形产品、文化产品和娱乐产品，目的是为孩子和家长提供娱乐，创造人间的欢乐童话。

迪斯尼通过主题公园的形式，致力于提供高品质、高标准和高质量的娱乐服务。同时，公司还提供餐饮、旅游纪念品、度假宾馆、交通运输和其他服务支持行业。给游客以欢乐，成为"迪斯尼乐园"始终如一的经营理念和服务承诺。

游客对欢乐的体验，客观上是对员工服务质量的间接评价。迪斯尼认为，服务质量应是可触摸的、可感受的和可体验的，迪斯尼教育员工，一线员工所提供的服务水平，必须努力超过游客的期望值，从而使"迪斯尼乐园"真正成为创造奇迹和梦幻的乐园。迪斯尼正是靠这种体验式营销取得成功的。

娱乐业的产品就是让顾客高兴、快乐，有个好心情、好感受，而心情和感受就是一种体验。迪斯尼紧紧抓住娱乐业的这个特点，选择体验式营销，关注顾客的体验，围绕顾客的体验开展一系列营销活动，可谓高明。这种体验式营销方式对我国旅游、餐饮、娱乐等服务行业具有重要的指导意义。

二、问题与思考

1. 根据案例，分析总结企业应该如何有效地开展体验式营销。
2. 迪斯尼乐园体验式营销模式对我国城市主题公园的经营有何启示？

创业故事

"米奇老鼠"的诞生

沃尔特·迪斯尼一心想搞动画片，开始几次屡遭挫折。有一天，沃尔特关在屋子里正想着新主角的形象，忽然间，小老鼠的形象浮现在他的脑海里。这些"小东西"光亮的眼睛、灵敏的举动、偷吃面包的动作，以及在他的画板上做游戏的过程一时历历在目。他迅速地拿起画笔，画下一只老鼠的速写，接着他又画出几种不同体态和神情的老鼠，他决定以老鼠作为新动画片的主角，并进一步研究了老鼠的动作、声音、神态，把它作为"威利号蒸汽船"的主角画出来，并亲自为它们配了音。他的妻子还为这只老鼠取了个好听的名字——"米奇"。

米奇老鼠的出现，轰动了国际电影界。在沃尔特笔下，老鼠栩栩如生，就像生活在我们周围一样。老鼠成了充满爱心、智慧与欢乐的象征。

米奇老鼠的成功使沃尔特认为制作动画片是值得投资的。他变卖掉一切值钱的东西，抵押了房子，进一步制作各种动画片。1937 年，世界第一部长篇彩色动画故事片

《白雪公主》诞生了，这部影片耗资 150 万美元，动员了 700 名画家，但它却为沃尔特带来了 1 400 万美元的利润和 8 个奥斯卡金像奖，直到今天仍然受到全球观众的喜爱，利润还在不断攀升。

（资料来源　武文胜：《MBA 经营奥秘精华读本》，北京，中国社会科学出版社，2004）

案例 17

宝马——成功的新形象

案例正文

一、宝马汽车公司概况

宝马汽车是一个拥有 16 座汽车制造工厂，员工总数超过十万名的大企业，每年制造 100 万辆汽车。透过分布在全球 120 个国家的行销公司，宝马公司所建立的顾客群达千万人之众，奠定了宝马名列全球 12 大生产交通运输工具集团之一的地位，产值名列全欧第 7 位，销售额居第 5 位。

1993 年，大多数国家的汽车制造业被卷入一个全新调整时期，处于汽车王国的美国制造厂商早在 20 世纪 80 年代就被迫进行传统结构的修正，欧洲、日本也在不景气中开始类似的重新改组，面对低迷的市场，宝马适时地采取行动，整合市场定位和提高生产力策略，绕过了汽车市场的低谷。当年，宝马是德国唯一能够避免减时工作却又能创造利润的汽车制造商，交车数量达到 534 397 辆，维持了汽车市场中高级豪华车种最成功厂牌的地位。"如果你只是跟着别人的步伐，那么你就不要期望能够超越它。"这是宝马公司总裁 Pis-chetsider 在表述其公司哲学时的一句名言。宝马汽车制造商于 1985 年首次在新加坡成立了亚太区域分公司，20 世纪 90 年代，他们抓住国际汽车市场调整和亚洲中产阶级崛起的机遇，制定了一系列市场方略，诸如提高销售量和市场占有率，使宝马成为高级车市场的第一厂牌。它渗透亚洲市场，使现有市场的代理商网络更臻完善；在顾客对产品及服务满意度方面处领先地位，并紧紧跟随着这一发展目标，稳步实施。1994 年，在亚洲市场，宝马共卖出 2.5 万辆车子，整个市场占有率从原来的 1.6% 提高到 2.1%，在他们设立的重点区域——印度尼西亚、中国台湾和中国香港三个市场，1994 年增长率分别达到 86%、70% 和 31%。2010 年世界 500 强排名第 82 位。

二、宝马汽车公司的营销策略

20 世纪 90 年代的汽车竞争呈现出新的特色，可以感受到一个愈来愈明显的现象：不同制造商出产的汽车流线设计的趋势、外形愈来愈近似。这使车体造型愈来愈相像，同时，一家制造商出产的改良车型也愈来愈难从外观上判定改进的地方，造成某些车型的厂牌更加混淆。大众化的汽车制造商推出精心设计的车型，渗入宝马的市场与形象诉求，竞争者希望用较低的价格但车型与其相近的办法来赢得市场，这导致宝马较低价位的车种，日渐面临主要来自欧洲和日本的竞争。

以平治/宾士（奔驰）为代表的传统高档豪华车则凭借传统名牌和市场先机，固守着亚洲市场，这又为宝马豪华系列的渗入造成障碍。针对上述现实状况，宝马审时度势，制定了后来被证明是十分正确的行销策略。独具特色的宝马市场行销方略，集中反映在它的厂牌定位、产品策略、定价策略和沟通策略上。

"最完美的驾驶工具"是宝马别出心裁的厂牌定位。这个诉求结合了三大要素：设计、动力与科技。从而树立了宝马"尊贵、年轻、活力"的形象，这一形象与传统名牌平治/宾士汽车的"尊贵、传统、豪华"区分开来。宝马公司所有的传播沟通策略都至少以其中一项作为主题依据，每一个要素的定义都特别考虑到宝马的顾客群，使宝马在亚洲成为"成功的新象征"。宝马的厂牌定位，巧妙地绕过了平治/宾士（奔驰）这一强劲敌手。通过区别旧与新，使宝马从其他厂牌中分离出来，全力吸引新一代，寻求经济和社会地位成功的亚洲商人，阐述宝马能够满足那些在乎形象、追求极致表现的车主所有的要求，而不是紧紧跟随平治/宾士（奔驰）过去的陈旧步伐。

（一）产品策略——系列优雅风格

宝马的汽车种类繁多，分别以不同系列来设定它们的等级。从较小型、时髦的三系列，到提供安全舒适空间的五系列，再到发展适合高级人员的七系列房车，直到独特优雅的八系列双门跑车，所有车系都具备了宝马汽车惯有的优雅风格，潜在的动力、高品质的做工，以及无与伦比的安全标准，从而进一步稳固宝马"成功的新形象"。

（二）价格策略——高价位

宝马的目标在于追求成功的高价政策，以高于其他大众车厂牌的价格出现。这一定位是基于宝马优于其他厂牌的产品及具备完善的服务特性，以及宝马品牌象征的价值。这一价位策略达成了以下机能：作为宝马汽车品质的指标，价格也传达了品牌象征与声望的讯息；相对于竞争厂牌的专用性与独特性，消费者的社会成就可以在他的生活里得到反映。

从价位角度再次折射出宝马"成功的新形象"。如上所述，宝马对亚洲市场的目标主要在加强宝马的形象，并赋予宝马的顾客一种价值：当和顾客接触时，他们无时无刻不忘传达宝马与生俱来的实力——创新、动力、美感。因此，宝马的沟通策略无不紧紧围绕着宝马新形象来进行。当与豪华汽车市场潜在顾客沟通时，宝马首先确立了沟通战略目标：成功地把宝马的牌子定位融入潜在车主中；加强车主与宝马之间的感性连结；在宝马的整体形象之下，一致地勾勒宝马产品与服务的组合；针对宝马的产品提供详尽的讯息。

（三）促销策略

依据上述战略目标，宝马通过自己的沟通管道——广告、直销、项目策划等，把这一战略变成现实。

今天的消费者面临着无数的广告和商业信息的包围。为了能够有效地接触到自己的顾客群，宝马采用不同的沟通管道，包括广告、直销、项目策划，以及公共关系的建立。综合各种不同渠道使宝马创造了和顾客直接接触的机会，传达了许多不同的讯息，这项策略反过来又帮助宝马树立起正面的形象。

1. 多层次的广告

随着世界愈来愈像个"地球村"的发展，整合宝马在多种不同广告上呈现的"象征"变得十分重要。为了适应这项需要，宝马在亚洲地区发展了一套牌子象征的计划。今天愈来愈多的媒体具备超越国界的影响力，使其所传达的讯息能够一致，宝马充分利用统一的广告手法树立起完整的宝马形象。不论在哪一个市场，宝马公司的广告任务都集中在提升并支持宝马的整体形象上，并通过四个层次予以推进。第一层：企业性宣传活动——全球性地推广和定位品牌；第二层：亚洲地区广告网——以加强宝马牌子的优越形象和建立其在当地的信誉与地位来支援宝马的牌子广告网；第三层：全国性形象塑造活动——在各地树立形象以提高品牌知名度，进一步赢取短期利益，并支持品牌所诉求的讯息；第四层：适当用当地行销的策略性广告，激发销售量，引导并支援产品的定位。以上四个层次广告逐层递进，并配之以品牌宣传活动，使宝马形象日臻完美，收到了预期的效果。

区域性牌子宣传活动的主旨则是提升厂牌，利用宝马清晰明确的定位，诉说宝马在亚洲是成功的新象征。在第一阶段的宣传活动里，主要是告诉消费者有关宝马居高级豪华车市场的第一把交椅的信息，并阐明了宝马公司的成就与成功经验。在第二阶段的宣传活动里，宝马采用第七系列作为主打产品，用于证明在汽车设计、安全、舒适和照顾顾客的需要方面，宝马是顶尖汽车市场里的领导者。

2. 直销

直销在世界各地日渐重要的事实已成共识。在一些国家，这种比较个人化的沟通方式的支出已达到所有宣传费用的一半。宝马同样十分重视直销方式。所以当宝马汽车公司在企划广告和销售计划时，与目标消费群直接的对谈占了愈来愈重的比例。身为一个独特的、个人化且技术领先的厂牌，宝马锁定的对象并非是大众化汽车市场。随着亚洲市场的快速发展，宝马必须了解变化了的环境对顾客群沟通方式的影响，因此宝马采用慎选的个人化手法，用合宜有效的方式把讯息传达给消费者，这就是宝马的直销计划。这一计划是依据消费者方面、产品方面、市场方面、沟通方面的诸种趋势而制定的。

以沟通方面为例，由于信息污染程度愈来愈严重，特别在广告上，愈来愈多的电视台与报纸杂志，使得对已锁定的主顾客的沟通工作愈来愈不容易进行。在这种情况下，在亚洲直销的两个主要目标更加明显：一方面要有能力面对明确的目标顾客，另一方面要能把讯息成功传达给目标主顾客，但是在这方面采用传统广告是很难实现的。因此，只有直销最符合这种需要。同时，直销还具有下列功效：使宝马成为和顾客距离最近的一个成功企业，并表现出对宝马车主或驾驶人的承诺；利用有条理的面谈，和宝马顾客建立一定的关系，将宝马的各项服务整体的对外宣传：财务状况、销售情形、售后服务和零件配备；缩小与目前目标顾客群讯息渴望程度的差距，利用主顾客来作为宝马的"品牌大使"；利用现有宝马客户的资讯来发展内部管理资讯系统。

3. 项目策划

争夺潜在客户的竞争日益激烈，加上"传讯污染"的负面影响，使得和客户直接沟通变得非常重要，因为这将会为宝马创造机会。为了实现这一目标，宝马成功地策划了两个销售促进活动，达到了直接与目标客户接触，争取潜在客户的目的。一是宝马国际金杯赛，这项活动对宝马和重要目标客户的直接沟通有很大的帮助。这是目前高尔夫球业余赛中规模最大的，包括6万名参赛者，并在20个以上的国家举行。它使宝马在目标客户中凸显出来。同时它又与其他传讯项目密切配合，其作用集中表现在：传达了一些其他传讯方法不能如此集中表达的讯息；高尔夫球呼唤出了目标客户的心声；提供了与目标客户直接沟通的机会；高尔夫球赛代理商在车主和潜在客户间建起了一座桥梁。这一活动更提供了以下机会：帮助顾客下决定去买；保持联系；提高品牌忠诚度；使客户把宝马和代理商的形象带上潮流；支援正在筹备的策划；并起到公共关系的作用。

　　4. 公关策略

　　宝马汽车鉴赏巡礼，这是宝马行销策划的又一力作。随着竞争的加剧，潜在客户沟通的方式就变得一定要和其他品牌不同，而且要安排在特定的环境里，因而宝马汽车鉴赏巡礼主要目的就是把宝马的世界带给目标客户。这一项目非常具有激发性，因为陈列展示的宝马汽车，反映出了牌子的基本特性、动力、创新和美感。因而宝马通过这一活动把它的经验和领先的理念灵活地带给目标客户。此外，宝马还对一些特别锁定的目标客户开展了一些特别的项目策划：如每月定期和某些主要的新闻记者聚会；和一些媒介代表探讨车子的功能；和特别目标客户群尝试七系列的宝马；进口商主动提供一些社交及文化活动；资助一些现有和固定的活动，如运动、社交和文化等。

　　"宝马就等于形象、机力和性能"。宝马所代表的，是实际资产、竞争力和将来的丰厚利润。宝马成功的今天，得益于它的策略性管理、优越地位和口碑。

分析启示及思考

一、分析启示

　　宝马在中国可谓是家喻户晓，几乎是成功的代名词，其高端形象深入人心。20世纪90年代，他们抓住国际汽车市场调整和亚洲中产阶级崛起的机遇，制定了一系列市场方略，使宝马成为高级车市场的第一厂牌。独具特色的宝马市场行销方略，集中反映在它的厂牌定位、产品策略、定价策略和沟通策略上。

　　1. 产品策略——系列优雅风格

　　2. 价格策略——高价位

　　宝马的目标在于追求成功的高价政策，通过高价传达品牌象征与声望的讯息。

　　3. 促销策略

　　宝马通过自己的沟通管道——广告、直销、项目策划、公关策略，在各地树立形象以提高品牌知名度，宣传活动的主旨则是提升厂牌，利用宝马清晰明确的定位，诉说宝马在亚洲是成功的新象征。宣传活动里，主要是告诉消费者有关宝马居高级豪华车市场的第一把交椅的信息，并阐明了宝马公司的成就与成功经验。

宝马的成功，得益于它准确的市场定位和营销组合策略，宝马作为世界知名品牌，在亚洲，乃至中国所做的成功的营销策略值得我国企业学习。

二、问题与思考

1. 宝马公司如何打造"成功的新形象"？
2. 结合中国文化的特征，分析我国企业树立"成功形象"应采取的营销策略。

经营秘诀

"石油大王"洛克菲勒的6个财富信条

1. 有钱大家赚，好事不全占。
2. 对自己要节俭，对他人要慷慨。
3. 付出要大于别人对你的期望值。
4. 追求双赢，莫吃独食。
5. 做大富翁，培养小富翁。
6. 以绩效作为报酬的依据。

（资料来源　胡卫红：《世界500强创始人的16个商业信条》，北京，企业管理出版社，2004）

案例 18

宝洁公司的多品牌营销战略

一、宝洁公司概况

宝洁公司（P&G），美国企业，主营家居个人用品。

成立于 1837 年的宝洁公司，是世界上最大的日用消费品公司之一，在全球 80 多个国家和地区设有工厂或分公司，拥有雇员近 140 000 人，所经营的 300 多个品牌的产品畅销 160 多个国家和地区。从 1988 年宝洁公司在广州成立了第一家合资企业——广州宝洁有限公司开始，在近 20 年的时间里，宝洁的产品品牌由最初的海飞丝、飘柔、潘婷等几个品牌到今天的飘柔、潘婷、海飞丝、沙宣、伊卡璐、舒肤佳、玉兰油、护舒宝、帮宝适、佳洁士、汰渍、碧浪、品客、吉列、金霸王等 20 多个品牌。目前，中国宝洁已成为宝洁全球业务增长速度最快的区域市场之一，宝洁大中华区的销售量已位居宝洁全球区域市场中的第二位，销售额也已位居前五位。2010 年度，宝洁公司世界 500 强中最新排名是第 66 位。

二、宝洁的经营管理之道——多品牌营销战略

宝洁在中国市场所取得的成功，与其采用的多品牌战略是密不可分的。多品牌战略是指一个企业同时经营两种或两种以上互相竞争的品牌。企业采用多品牌战略的益处在于：

第一，多种不同品牌可以吸引更多的顾客，提高市场总体占有率。多品牌战略在品牌的选择上，与企业市场定位紧紧结合在一起，每个品牌都有一定的特色，所有品牌拥有的顾客数之和，远远大于单个品牌的顾客量。

第二，多品牌能充分满足市场需求的差异性。处于不同地区的消费者，有着不同的文化背景、风俗习惯、审美标准等特点，他们的需求是千差万别、复杂多样的，多品牌的产品能充分满足这样的差异。

第三，实施多品牌战略可以帮助企业建立内部竞争机制，提高企业工作效率。产品分类管理，使不同部门之间进行相互竞争、相互学习，能够从企业内部提高效率。这种近距离的竞争，能准确、清楚地发现自己在发展中的不足，及早发现并解决问题，有利于企业适应变化的市场。

第四，实施多品牌战略有利于降低经营风险。企业可以从多个角度深入到市场中去，即使个别品牌的失败也不会影响其他品牌产品的声誉，减少了风险。

但是，企业采用多品牌战略受到一定条件的限制，不是任何企业都适用的"法宝"。从国内外众多著名的品牌发展来看，多品牌战略的运用范围比较狭窄。一方面，企业树立多品牌的费用偏高，而各品牌之间并不能互相带动，这对企业实力是一大考验，实力弱小的企业是不敢问津的；另一方面，品牌之间竞争容易相互削弱单个品牌的竞争力量。众多品牌在某一市场领域抢"饭碗"，会削弱本企业的竞争实力。实践证明，实施多品牌战略是个系统工程，需要长期不懈的努力。在企业多品牌体系的建设过程中，需要注意以下问题。

（一）多品牌建设要以市场为导向

多品牌战略如何适应市场需求，是企业面临的重要问题，它不是每个品牌独立面对不同的市场，而是在企业所确定的核心功能产品所面对的统一目标顾客群这个主旋律基础上。宝洁公司针对中国人的头发容易起头屑、容易干燥等特点，采用先进技术研制适应中国消费者的洗发产品，所以，宣传广告称，"海飞丝"能使"头屑去无踪，秀发更出众"；"飘柔"可令"头发更柔更顺"；"潘婷"让头发"拥有健康，当然亮泽"。

（二）实施多品牌战略要根据消费者需求差异准确定位

要成功实施多品牌战略，就需要为每一个品牌找到自己的市场定位。"宝洁的重点不在于告诉消费者这么多品牌都来自宝洁，而在于一个品牌能满足一种消费者的需要。"宝洁公司多品牌策略的成功之处，表现在善于在一般人认为没有缝隙的产品市场上寻找差异，生产出个性鲜明的产品。宝洁旗下的六个洗发水品牌各有定位，巧妙互补。海飞丝——去屑；飘柔——柔顺；"二合一"潘婷——健康亮泽，改善发质；沙宣——专业定型，动感时尚；润妍——倍黑润发，专为东方人设计；伊卡璐——天然植物，草本精华，小资定位。

（三）实施多品牌战略既要考虑整体规模，又要考虑单个品牌的前景

品牌建设是需要大量投资的，没有一定规模为依托的利润基础，是很难实施多品牌战略的。另外，每个品牌所面对的细分市场要有发展性，不要因为规模而导致在一个市场品牌数量过多，影响了单个品牌的成长。宝洁在一个市场推出品牌时，采用一个接一个的做法，每推出一个品牌之前都要作大量的市场调查，最后把品牌稳定在一个合理的数量上。宝洁公司推出"快乐"牌清洁剂作为"汰渍"牌清洁剂的竞争产品，"汰渍"销售量为此略有下降，但"快乐"和"汰渍"的总销量却增加了。目前，宝洁清洁剂产品基本保持在8个品牌左右。

（四）多品牌建设必须加大广告宣传的力度

在竞争日趋激烈的市场中要使本企业的品牌站住脚，"好酒也怕巷子深"的观点逐渐被众多企业所认同。广告宣传的策划与传播，既要注意各品牌间宣传上相互联系，又要着重传播每一个品牌的产品个性，树立品牌形象。"碧浪"突出产品的清洁、清新、清香的个性特征；"汰渍"则意味着污渍、汗渍不留痕迹；"舒肤佳"暗示杀菌、永保皮肤健康舒畅。采用多品牌的企业在推出新品牌时要考虑能否为新品牌构想出一个独特

的掌故，这个掌故应令消费者信服。宝洁的每一个品牌都给目标顾客明确的信息，并不惜重金在中央电视台黄金时间进行大量宣传，产生了巨大的轰动效应，逐渐被目标顾客所接纳。

多品牌建设是为了树立良好的企业品牌，大多数消费者是通过宝洁的产品才认识了宝洁公司。当人们对宝洁公司的产品产生信任以后，宝洁又在广告中大力宣传其企业品牌，把消费者的信任转移到宝洁这个企业品牌上，"宝洁公司的产品都是优质产品"。宝洁公司就是这样以产品品牌树立企业品牌，再以具有声誉的企业品牌带动新的产品品牌上升，形成品牌的"家族"。

分析启示及思考

一、分析启示

宝洁产品在中国可谓妇孺皆知，诸如海飞丝、飘柔、潘婷、舒肤佳、玉兰油……无不耳熟能详。目前，中国宝洁已成为宝洁全球业务增长速度最快的区域市场之一。

宝洁在中国市场所取得的成功，显而易见，与其采用的多品牌战略是密不可分的。宝洁的产品品牌由最初的海飞丝、飘柔、潘婷等几个品牌到今天的飘柔、潘婷、海飞丝、沙宣、伊卡璐、舒肤佳、玉兰油、护舒宝、帮宝适、佳洁士、汰渍、碧浪、品客、吉列、金霸王等 20 多个品牌。

但多品牌战略不是灵丹妙药，从国内外众多著名的品牌发展来看，多品牌战略的运用范围比较狭窄，不是任何企业都适用的"法宝"。多品牌战略的优点在于：多种不同品牌可以吸引更多的顾客，提高市场总体占有率；多品牌能充分满足市场需求的差异性；多品牌战略可以帮助企业建立内部竞争机制；多品牌战略有利于降低经营风险。其缺点是：企业树立多品牌的费用偏高；各品牌之间并不能互相带动，实力弱小的企业是不敢问津的；品牌之间竞争容易相互削弱单个品牌的竞争力量。

我国企业应从宝洁公司的营销战略中获得启发，吸收精髓、灵活运用。

二、问题与思考

1. 通过本案例的学习，分析企业实施多品牌战略的优缺点。
2. 通过本案例的学习，分析企业应如何实施多品牌战略。
3. 宝洁多品牌战略对中国企业的启示有哪些？

经营秘诀

吃亏是福

据说有个沙石老板，没有文化，也没有背景，但生意却出奇的好，而且历经多年、长盛不衰。他的秘诀说起来也很简单，就是与每个合作者分利的时候，他都只拿小头，把大头让给对方。

如此一来，凡是与他合作过一次的人，都愿意与他继续合作，而且还会介绍一些朋友，再扩大到朋友的朋友，也都成了他的客户。人人都说他好，因为他只拿小头，但所有的小头集中起来，就成了最大的大头，他才是真正的赢家。

吃亏是福。因为人都有趋利的本性，你吃点亏，让别人得利，就能最大限度调动别人的积极性，使你的事业兴旺发达。

但在现实生活中，能够主动吃亏的人实在太少，这并不仅仅因为人性的弱点，使其很难拒绝摆在面前本来就该你拿的那一份，还因为大多数人缺乏高瞻远瞩的战略眼光，不能舍眼前小利而争取长远大利。

（资料来源　朱吉玉：《消费心理学》，大连，大连出版社，2010）

▲ 案例 19 ▲

雀巢公司的模块组合营销战略

案例正文

一、雀巢公司概况

雀巢公司（Nestle），瑞士企业，主营食品。

很多业内人士都熟悉雀巢公司的一个经典掌故，那就是在雀巢咖啡诞生之初，曾因为过分强调其工艺上的突破所带来的便利性（速溶），而一度使销售产生危机。原因在于许多家庭主妇不愿意接受这种让人觉得自己因为"偷懒"而使用的产品。

这种尴尬现在已不复存在。如今，雀巢公司也已被誉为当今世界在消费性包装食品和饮料行业中最为成功的经营者，被美国《金融世界》杂志评为全球价值最高的消费性包装食品和饮料行业品牌。2010年世界500强排名第44位，远远超过可口可乐和万宝路等知名品牌。

国内大众对"雀巢"的认识，也许大都是从雀巢咖啡那句家喻户晓的广告词"味道好极了"开始的。其实，雀巢公司的经营范围很广泛，按其营业额分配为：饮品（23.6%），麦片、牛奶和营养品（20%），巧克力和糖果（16%），烹饪制品（12.7%），冷冻食品和冰淇淋（10.1%），冷藏食品（8.9%），宠物食品（4.5%），药品和化妆品（3%），其他制品和事业（1.1%）。雀巢公司的300多种产品在遍及61个国家的421个工厂中生产。

二、雀巢公司的经营管理之道——模块组合营销战略

（一）雀巢为什么成功

雀巢的成功是多种因素共同作用的结果，但其中，模块组合营销战略的实施是一重要因素。公司设在瑞士日内瓦湖畔的小都市贝贝（VEVEY）总部对生产工艺、品牌、质量控制及主要原材料作出了严格的规定，而行政权基本属于各国公司的主管，他们有权根据各国的要求，决定每种产品的最终形成。这意味着公司既要保持全面分散经营的方针，又要追求更大的一致性，为了达到这样的双重目的，必然要求保持一种微妙的平衡。这是国际性经营和当地国家经营之间的平衡，也是国际传播和当地国家传播之间的平衡。如果没有按照统一基本方针、统一目标执行，没有考虑与之相关的所有因素，那么这种平衡将很容易受到破坏。

为了正确贯彻新的方针告知分公司如何实施，雀巢公司提出了三个重要的文件。内容涉及公司战略和品牌的营销战略及产品呈现的细节。

1. 标签标准化（Labelling Standards）

这只是一个指导性文件，它对标签设计组成的各种元素作出了明确的规定，如雀巢咖啡的标识、字体和使用的颜色，以及各个细节相互间的比例关系。这个文件还列出了各种不同产品的标签图例，建议各分公司尽可能早地使用这些标签。

2. 包装设计手册（Package Design Manual）

这是一个使用更为灵活的文件，它提出了使用标准的各种不同方式。例如，包装使用的材料及包装的形式。

3. 最重要的文件是品牌化战略（Branding Strategy）

它包括了雀巢产品的营销原则、背景和战略品牌的主要特性的一些细节。这些主要特性包括：品牌个性；期望形象；与品牌联系的公司；其他两个文件涉及的视觉特性；以及品牌使用的开发等。

当前的经济形势，对企业提出了更高的要求，要想在激烈的市场竞争中立于不败之地，不仅要有适销对路的产品，更重要的是要有正确的经营思想指导。雀巢公司的领导层认识到，经济全球化已使企业营销活动和组织机制由过去的"大块"结构变成了"模块"结构的事实，从而将其工作重点转向组合模块，实施模块组合营销。基于上述事实，我们把模块组合的战略定义为：将公司的营销部门划分成直接运作于市场的多个规模较小的经营业务部门，灵活运作于市场，及时做出应变决策，各经营业务部门虽具有独立性，但服从于企业的总战略。在雀巢公司的模块组合战略中，各分公司就是作为一个模块，独立运作于所在的市场，有权采取独特的策略，但又接受公司总部的协调。

（二）模块组合营销带给雀巢什么

模块组合营销带给了雀巢什么？回答这些问题，就要看模块组合营销带给雀巢哪些经营优势。

1. 准确地把握并满足市场的需求

目前市场的变化主要体现在市场的划分越来越细和越来越个性化两个方面。从市场营销学的角度看，企业的盈利机会都是以消费需求为转移的，因此，消费需求的变化必然潜藏商机。雀巢公司在结构和组织上遵循"权限彻底分散"的原则。这也是雀巢公司的"市场大脑（Markel Head）"，它所表达的就是想法要和市场实况连接在一起，采取的行动和手段都力求能合乎当地的需要和要求。正因如此，公司产品中仅雀巢咖啡就有100多个品种。各模块（分公司）基于自己的市场具有独立性，但又与其他模块相互联系，共同组成企业的"大块"结构。雀巢公司将其总市场分成各模块市场，每一模块市场由相应模块来负责，从而可以更准确地把握市场动态，满足市场的需求。

2. 反应灵活

不快则死，可以说是新经济的黄金法则，是谁也不能违背的天条。在美国NASDAQ上市的200多家网络公司中，一份财经周刊调查说，其中的51家公司估计不久就要面临清盘。企业不快点往前冲，就会被快速淘汰出局。在激烈的市场竞争中，取得信息和利用信息的状况是企业能否完成营销任务的重要条件。市场营销组织的设计应既有利于搜集信息，又有利于针对信息做出快速反应，雀巢公司的模块组合营销恰恰适应了这一要求。各模块具有独立运作于市场的能力，根据其模块市场的变化，在不影响企业总战略的条件下，有权进行适当的调整，采取恰当的策略。

3. 较强的抗风险能力

经济全球化条件下，企业将面临来自国内外的挑战，竞争日趋激烈，在激烈的市场竞争中，企业要生存发展下去，必须具有较强的抗风险能力。现在企业多从竞争对手角度来考虑，进行企业联合、兼并，以加大企业实力和抗风险的能力，而雀巢的模块组合战略是从企业组织角度考虑抗风险能力的一条可选途径。模块组合强调各模块相对独立地运作于各自的市场，根据各自的市场竞争者、顾客等方面的变化进行调整，而企业其他各部分可以无须调整，从而具有了灵活、应变、抗风险性。

4. 网络型组织结构

长期以来，企业都是按照职能设置部门，按照管理幅度划分管理层，形成了金字塔形的管理组织结构。这种组织结构已越来越不适应信息社会的要求。模块组合把企业的营销部门和经营业务部门划分为多个规模较小的经营业务部门并受总部统一管理，其结果是管理组织结构正在变"扁"、变"瘦"，综合性管理部门的地位和作用更加突出，网络性的组织结构形成。传统的层级制组织形式的基本单元是在一定指挥链条上的层级，而网络制组织形式的基本单元是独立的经营单位。雀巢公司的模块组合营销，造就了网络型组织结构，也使雀巢公司具有了网络化的特点：一是用特殊的市场手段代替行政手段来联络各个经营单位之间及其与公司总部之间的关系。网络制组织结构中的市场关系是一种以资本投放为基础的包含产权转移、人员流动和较为稳定的商品买卖关系在内的全方位的市场关系。二是在组织结构网络的基础上形成了强大的虚拟功能。处于网络制组织结构中的每一个独立的经营实体都能以各种方式借用外部的资源，对外部的资源优势进行重新组合，创造出巨大的竞争优势。

（三）正确认识模块组合营销

一些企业容易片面地认为，企业整体化市场营销与竞争会产生"航母"效率，因而热衷于整体运作。然而很多国外大公司看到，鉴于知识经济网络化、数字化的特点，应从"模块"的角度对企业重新审视。例如，杜邦公司是知名老牌企业，近年来公司大力进行营销机制的改革，完成了"模块组合"改组，将原有的五个公司经营业务部门外加石油和天然气营销业务部门划分成为直接运作于市场的 20 个规模较小的经营业务部门，很快使杜邦公司由亏损转为高盈利企业。当然意识到模块组合的重要性，并不等于就能成功实施模块组合战略。以下从与整合营销、品牌战略及集团化战略关系的角度进一步说明，以期加深对模块组合的正确把握。

1. 模块组合战略是整合营销的创新

整合营销力争做到企业"一个声音说话，一个面孔示人"，给消费者以统一的形象。整合营销强调，从消费者沟通的本质意义展开促销与营销活动，主张将广告、公关、直销等各种推广宣传工具有机地组合，以促成消费者最大程度的认识。模块组合营销并没有否定整合营销，只不过它更进一层地强调具体的模块市场，根据消费需求进行适当的调整，准确把握并满足消费者，同时又坚持整合的原则，以期获得最大的整合效益。

2. 模块组合亦有统一的品牌形象

当今企业已进入品牌国际化竞争的年代，进行品牌营销可以扩大企业知名度，树立企业形象，建立与顾客的良好关系。模块组合战略是在企业统一品牌战略指导下进行的，企业各模块（经营业务部门）灵活运作于各自的市场，努力满足各模块市场消费者的需求。但他们之间并非散兵游勇的关系，其都是企业总体的一部分，为推销企业产品，宣传统一品牌形象而努力。

3. 模块组合并不否定集团化

在经济全球化和信息化的推动下，20世界90年代中期以来，西方世界掀起的一股新的企业联合、兼并、收购浪潮，是企业集团化趋势的显著表现。企业进行强强联合、兼并或组建大的企业集团，是增强其实力的有效途径。特别是在当今竞争激烈的条件下，对提高企业抗风险能力，不失为一条良策。模块组合不应误解为把企业肢解为小的模块，从而得出与企业集团化相悖的结论。无论是大企业还是小企业，都可以进行模块组合，其与整合营销在增强企业抗风险能力方面殊途同归。

分析启示及思考

一、分析启示

雀巢公司已被誉为当今世界在消费性包装食品和饮料行业中最为成功的经营者，被美国《金融世界》杂志评选为全球价值最高的消费性包装食品和饮料行业品牌。

雀巢的成功主要得益于其模块组合营销战略的实施。所谓模块组合战略，就是将公司的营销部门划分成为直接运作于市场的多个规模较小的经营业务部门，灵活运作于市场，及时做出应变决策，各经营业务部门虽具有独立性，但服从于企业的总战略。在雀巢公司的模块组合战略中，各分公司就是作为一个模块，独立运作于所在的市场，有权采取独特的策略，但又接受公司总部的协调。

对许多大型跨国公司和连锁企业来说，如何处理集权和分权的关系，对企业的扩张和发展至关重要，也是一件非常困难的事。雀巢公司在结构和组织上遵循"权限彻底分散"的原则。它将其总市场分成各模块市场，每一模块市场由相应模块来负责，从而可以更准确地把握市场动态，以便各分公司采取的行动和手段力求能合乎当地的需求，灵活作出反应并提高企业的抗风险能力。雀巢自实施模块组合营销战略后，企业不断发展，稳步上升，远远超过可口可乐和万宝路等知名品牌，成为当今世界在消费性包装食品和饮料行业最为成功的经营者，在这方面，也很值得我国企业学习和借鉴。

二、问题与思考

1. 通过本案例的学习，分析模块组合营销的优缺点。
2. 雀巢实施模块组合营销成功的经验给中国企业的启示有哪些？

【小思考】

商业经营有句俗语：宁愿得罪十个男人也不要得罪一个女人，这是什么原因？

答：女性是市场购买的主体，并有较强的传播能力。

（资料来源　朱吉玉：《消费心理学》，大连，大连出版社，2010）

<table>
<tr><td>补充阅读</td></tr>
</table>

决定成功的十种积极心态

1. 决心

请随时随地问自己：我到底想要什么？是想要，还是一定要？如果是想要，我们可能什么都得不到；如果是一定要，我们一定能够有方法得到。人生就决定于你做决定的那一刻。

2. 企图心

一个顶尖的推销员最优秀的素质是要有强烈的成交欲望；一个优秀足球前锋最可贵的素质是强烈的射门意识。要成功，你必须先有强烈的成功欲望，就像你有强烈的求生欲望一样。

3. 主动

中国有一句古话：枪打出头鸟。这句话保护了一大批精明人士免遭枪打，但同时也造就了无数的弱者和懦夫。市场经济的本性就是竞争，竞争的本性就是主动地去获取主动权。

4. 热情

一事无成的人，往往表现的是前三分钟很有热情，而成功往往属于最后三分钟还有热情的人。

5. 爱心

内心深处的爱是你一切行动力的源泉。缺乏爱心的人，就不太可能得到别人的支持；失去别人的支持，离失败就不会太远。你有多大的爱心，决定你有多大的成功。

6. 学习

在信息社会里，信息更新周期已经缩短到不足五年，危机每天都会伴随我们左右。所谓逆水行舟，不进则退，唯有知道得比对手更多，学习的速度比对手更快，才可能立于不败之地。

7. 自信

一个主妇，当她进入厨房的时候就感觉很自信；一个老板，当他坐到他的老板椅上的时候他就很自信；一个老师，当他走上讲台的时候他就感觉很自信。

厨房就是那个主妇的卓越圈；老板椅，就是那个老板的卓越圈；讲台，就是那个老师的卓越圈。卓越圈一旦牢固建立，每当有需要的时候，你就可以轻松地移植，成为你自信的源泉。

8. 自律

别人在看电视、看电影的时候，你能否去工作？别人在娱乐的时候，你能否去学习？别人在睡懒觉的时候，你能不能早点起来？别人"老婆孩子热炕头"的时候，你是不是能忍受与家人暂时分开，去外地推销产品？这一切，就是你必须"强迫"自己付出的成功代价。

自律，是人生的另一种快乐。

9. 顽强

人生有两杯水一定要喝，一杯是苦水，一杯是甜水。只不过不同的人喝甜水和喝苦水的顺序不同。成功者常常是先喝苦水，再喝甜水。

不愿吃苦，不能吃苦，不敢吃苦的人，往往吃苦一辈子。

10. 坚持

一次在采访一家大公司的老板时，有人问他：假使成功只有一个秘诀的话，请问那会是什么？他几乎毫不犹豫地说：那应该是坚持。

选定你的目标，放弃所有与你目标无关的东西；接下来就是按丘吉尔的话去做：坚持到底，永不放弃，直至成功。

（资料来源　朱吉玉：《管理心理学》，大连，东北财经大学出版社，2011）

第五章 用人篇

▲ 第一节 ▲

"世界 500 强" 坚决不用的人

一、没有创意的人

雄踞世界 500 强榜首的沃尔玛公司，曾经从美国北部收购了一大批苹果——那可是美国人最喜欢的苹果。可惜那年美国北部的天气非常恶劣，连月的冰雪使交通几乎瘫痪。运输途中的颠簸，使大部分苹果表面都留下了损伤。美国人向来对水果的质量要求很高，表面稍有斑点，就不能上架销售。沃尔玛的经营陷入了窘境。

这时，一名基层员工提出了一个想法："人们都知道苹果要数美国北方高山地区的最好——清脆爽口、香甜无比，但怎样鉴别北方苹果呢？顾客却知之甚少。我们何不打出这样一条广告：因今年北方高寒地区连遭冰雪袭击，运输极其艰难，致使所有的苹果表面都不很完美，但这并不影响它的质量，您可以借此鉴别。"

沃尔玛大胆地采用了这个颇具个性的创意。短短几天，这批苹果竟被疯抢一空。一个小小的创意把危机转化成了机遇。

创意是旧习的冤家、平庸的天敌……

创意是信息的升华、知识的结晶、工作中的大智慧……

世界 500 强的管理者们都无一例外地推崇创新意识，他们把它当作企业生存与发展的法宝。他们渴求那些富有创意、心怀梦想的人成为他们的员工。

"日日创新"是索尼提出的口号。

世界第三大钢铁企业，韩国浦项制铁株式会社的大门上有这样一句话："资源有限，创意无限。"

1990 年微软超过通用，《纽约时报》评论："微软的唯一资本是员工的创造力。"

德国大众汽车公司对员工说："没有人能够指望永远'保有'一份好工作，而要靠创意去争取一份好工作。"

美国花旗集团则明确指出："当人人都认为会发生危机时，创意却可以把它变成机会。"

创新是企业常胜不败的基石；而富有创意的员工则使企业永葆青春！

创意对每个善于用脑的人来说，它绝不是早晨草叶上的露珠，只要风吹草动，就消失得无影无踪。创意更像一口井，你挖掘得越深，它就喷发得越多，取之不尽，用之不竭。

富有创意、满怀梦想的人永远是人类社会滚滚向前的动力。那种因循守旧、唯唯诺诺的员工必将遭到淘汰！

二、不敢大胆去尝试的人

世界 500 强企业要求员工都要有"一巧破千斤"的创新意识，但即便有了一个很好的创意，如果你不敢去尝试，这与没有又有何异？

世界名企日本东芝公司，在 20 世纪 50 年代，也像全世界所有生产电扇的厂家一样，被堆积如山的积压产品搞得焦头烂额。董事长石板公然宣称："谁能引领东芝走出困境，就给他 10% 的股份！"

那时全世界的电扇一律是黑色的，仿佛不是黑色的就不叫电扇了。对此，一个小职员建议道："为什么我们的电扇不可以是其他颜色的呢？"于是彩色电扇一经推出，市场上立即掀起了抢购狂潮，短短几个月就卖掉了几十万台！也正是这小小的尝试，为东芝日后的腾飞奠定了基础。

这么简单的创意，为什么东芝几万人没想到？为什么全世界成千上万的厂家没人提出？原因就在安于现状而不敢去大胆尝试。

三、刚愎自用的人

职场上，有些员工一意孤行，不拿同事的忠告当回事，甚至连上司的意见也置若罔闻，在企业里，他们几乎找不到一个可以合作的伙伴。

苹果公司的创办人——史蒂夫·乔布斯，22 岁时开始创业，从赤手空拳打天下，到拥有 2 亿多美元的财富，他仅仅用了 4 年时间。他可以说是个神奇的人物，但对于一个 20 多岁的大男孩来说，过早的成功未必是件好事，光环使这位大男孩骄傲起来。

缺乏理性的管理头脑和暴躁的脾气，使得他无法与人合作。他手下的员工就像避瘟疫一样躲避他，甚至不敢和他同乘一部电梯。

就连他亲自聘请的高级主管——原百事可乐公司美国国内饮料部总经理斯卡利都公然宣称："苹果公司有乔布斯在，我就无法执行任务。"

最后，董事会做出决议：解除乔布斯的行政职务，包括他在 Macintosh 部门的职务，只保留董事长一职。

乔布斯因此负气出走，离开自己一手创建的苹果公司，一度从人们的视线中隐退。乔布斯的工作能力毋庸置疑，否则，他不可能让"苹果"异军突起，更不会在短短的 4 年时间就有了 2 亿多美元的身价。但企业需要具备团队精神的员工，即便是乔布斯这样出类拔萃的"总裁级员工"，如果没有团队合作精神，也照样让他

"下课"。

　　微软中国研发部的总经理张湘辉博士曾就此做过这样的论述："就招聘员工而言，我们有一套很严格的标准，其中最重要的就是他必须要有极强的团队合作精神，即便他是个天才，如果团队精神较差，我们也坚决不要。"

四、缺乏协作精神的人

　　世界 500 强企业的微软公司总裁比尔·盖茨认为："有效地协作，会使公司的聪明人彼此发生可能的联系，就像核聚变一样，能量将会几何式增长；交叉合作的激励会产生新的思想能量——那些不太有经验的雇员也会因此被带动到一个更高的水平上，从而实现整体利益的最大化。"

　　合作则两利，分裂则两败。个人单打独斗无法赢得市场的决胜权，只有通过团队的合作才能提升企业整体的竞争力。

　　企业作为一个合作组织，它的健康运转有赖于全体员工的良好协作。世界 500 强以及其他跨国企业，员工遍布世界各地，动辄上万、几十万，各地的员工都有其独特的风俗习惯和文化背景。如何保证这些员工的工作都能紧紧地围绕公司的总体目标和意图进行呢？这就要求员工必须具有良好的团队合作意识，而不是我行我素、各行其是。

　　有这样一个故事。年底，一位美国总裁欲给工人加薪，数额颇大——每人 500 美元，但他规定每组只加一人，具体加给谁，由各组民主讨论后决定。这家工厂的工人大都来自亚洲，故分为日本组、越南组、韩国组、中国组……

　　通知下达后，秘书小姐要求各组下班前报上加薪名单。日本组最快，几分钟就定出了名单，送给总裁一看，总裁很满意，此人正是他意料中的人选——技术好、速度快。越南组报上来的则是一个技术中等、工资最低的可怜家伙；韩国组也报上来了，是一个技术最差、人缘特好的和事佬，对此，总裁摇摇头，却也无可奈何。

　　中国组呢？为何迟迟不报？

　　快下班的时候，秘书小姐再三催促，得到的结果却是：中国人不要加薪！总裁听了大吃一惊！难道中国人真的发扬风格，连正当的报酬都不要？

　　总裁不相信，亲自到中国组了解，终于真相大白，原来中国组的五个人已经讨论了半天，大家争得面红耳赤，互不相让，他们向总裁提出："要么平均分配，每人加 100 美元，要么大家都不加"。总裁没有说什么，最后决定取消中国组的加薪。

　　第二年，这些中国雇员都没有拿到公司的聘用合同……

　　个人的发展离不开团队的协作，如果你远离了团队，你不但不会赢得什么，还终将为此而付出沉重代价。一个企业的成功，有赖于所有员工的精诚协作。缺乏团队精神的员工，在企业里将是最不受欢迎的。

五、粗鲁无礼貌的人

　　如果一个员工在做事时粗俗无礼、蛮横霸道，丝毫不考虑别人的内心感受，即便再有能力，世界 500 强企业也绝不可能重用他。

这些人一般有以下特征：

特征一：不守时，无视他人的存在。上班经常迟到、早退，大声说话，旁若无人。

特征二：拖延工作，没有责任心。到了期限，主管交代的任务还没有着落。主管问起，他却振振有词："工作嘛，总是干不完，迟一两天又有什么关系？别太较真儿！"

特征三：粗鲁、无礼，充满抵触情绪。碰到稍不顺心的事或心情不好时，所有的人都成了他的出气筒，动辄怒目而视，甚至破口大骂。

特征四：低级庸俗。他们不学无术，低级趣味。在办公室里大声讲低级、庸俗的笑话；常常抱怨、诅咒，或者拿同事的隐私到处"出售"……

这些人，既不懂得尊重自己，也不懂得尊重他人，把所在的公司搞得乌烟瘴气、鸡犬不宁！哪个企业会要这样的人。

六、不忠诚的人

企业要迈向成功，员工忠诚度是一双无形的推手，如果公司多数员工都是骑驴找马的"寄居蟹"，那么这家公司要迈向成功，恐怕就像空中楼阁般不切实际。

索尼公司最反感不忠诚的人。"如果想进入公司，请拿出你的忠诚来"，这是每一个欲进入索尼公司的应聘者常听到的一句话。索尼公司采用终身雇佣制和年功序列制工资制，一旦进入该公司，就等于将自己的一生交给了公司。索尼公司认为，一个不忠诚于公司的人，再有能力，也不会录用，机会只有一次，要么成为终身员工，要么被排除在组织之外。

员工忠诚度高，不但意味着工作效率高，更代表公司的竞争力，至于如何增进员工的忠诚度，则不外乎公司应尊重员工基本权益及需求、建立和谐的企业文化、顾及员工的经济利益、善用员工所长、人性化的管理机制，以及塑造诚实互信的风气及沟通渠道。

七、没有良好人品的人

一个具有强烈社会责任感、良好公众形象、较高精神境界的员工，才能执着地追求健康、先进、文明的生活方式和文化，为人们生产出质量可靠、性能卓越的产品。而一个不守信誉、弄虚作假的员工，只能向社会提供假冒伪劣产品。

世界 500 强企业的惠而浦公司在用人上非常看重一个人的操守。

作为有着悠久历史的跨国公司，惠而浦取得成功的因素不仅是市场，更重要的是惠而浦吸引和培养人才的企业文化，即被惠而浦员工引以为荣的信念，在惠而浦公司内部称为"恒久价值"，这些价值包括：相互尊重、诚实正直、多元化和团结合作。这些价值规范了每一个惠而浦员工的言行，在不同的商业环境中，不断地促使员工的工作表现达到卓越。

1. 注重员工的个人操守

惠而浦公司在招募新员工时，就十分注重选拔具有诚实、正直品行的人才。惠而浦认为，如果一位员工不能诚实地工作，即使能在短时间内带来效益，但也不可能带来长远的利益；如果一位员工不能公正地做一件工作，那么，公司的声誉就会受到损害。

2. 相互尊重、相互信任

公司会向员工提供具有挑战性、奖赏性和发挥个人潜力的工作。公司期望员工能够公开讨论问题，大胆提出意见和想法，以得到最佳决策和解决方案。惠而浦公司不喜欢人云亦云、没有创新精神和上进心的人。

3. 为员工创造轻松环境

惠而浦致力于创造一个理解和赏识多元化力量的环境，致力于排除各种妨碍交流和合作的障碍，为大家创造一个轻松和谐、团结合作的工作环境。只有为团队利益工作，而非为个人角色工作的人才会受到礼遇。

八、不能荣辱与共的人

只顾自己、不顾集体的员工不会受到领导和同事的欢迎。

世界500强企业的通用公司的招聘官曾说过这样一句话："我们要求所有的通用员工都能抛开狭隘的个人主义，他人之得并非自己之失。因此，双赢思维应该成为人际关系的基本原则。相反，那些不注重合作的人，企业给他的空间几乎为零。通用公司根本就不会招聘这类人，也绝不会让这类人留在通用。"

聪明的员工没有不爱自己企业的；智慧的员工永远和同事们组成一个坚强的整体！他们会用自己全心全意的爱，为这个团队的崛起而尽心尽力；他们会视所有成员如同手足，与他们荣辱与共！

对于企业来说，每个成功的管理者都希望自己的员工是一个以全局利益为重的合作之人，能用双赢思维去为企业赢得更大的效益。

九、嫉妒心较强的人

在职场中，不管你效力的是一家大公司，还是一家小企业，竞争就像空气一样，无处不在。即便亲如手足，也难免有一较高下的时候。对胜者嫉妒，这是人类的天性在作祟，处理不好，职场便成了硝烟弥漫的战场。

你的薪水不如同事高；奖金比他少了一大截儿；最为可恨的是，一夜之间，你平时称兄道弟的同事竟成了你的顶头上司……你想不通，怨声载道，心里窝火，暗暗较劲，甚至开始脚下使绊！

杜邦公司的一家研究所里，有两个非常出色的研究员——马克和劳拉。他们两个负责同一个课题的研究。经过一段时间的努力，他们的研究取得了阶段性的胜利，对此，劳拉可谓功不可没。所长欧文博士对她大加赞赏道："好好干吧，年轻人，前途无量啊！"

马克听了心里很不是滋味，他想："两个人一起搞的课题，凭什么只夸奖她？难道我付出的还少吗？"在接下来的研究中，马克开始故意疏远劳拉，当她有了疑问要与他探讨时，他便冷冰冰地道："你是大能人，连你都解决不了，我又有什么办法？"马克还在搜集重要资料时故意拖延，甚至将自己发现的重要数据隐藏起来，弄得劳拉焦头烂额、一筹莫展。

欧文博士很是不解，追问几次，劳拉只是耸耸肩，说自己也不知问题到底出在了哪儿。马克则远远地躲在一边，像个局外人一样看笑话。

最后，这个课题夭折了。欧文博士在痛惜之余，只得将马克"请"出了这家研究所。

因此，对于只会嫉妒的人，任何企业都会坚决予以清除！

十、诋毁别人成绩的人

嫉妒一旦产生，如果不妥善化解，那么，宁静和谐的职场氛围就被打破了：看到别人成功了，就生气、难过、闹别扭；听说别人强于自己，就四处散布谣言，诋毁别人的成绩；发现几个同事亲如一家，就想方设法去施"离间计"，等等。这样的嫉妒不仅妨碍了同事间的关系，而且还会自食其果，把自己推向孤立无援的境地。

美国电报电话公司年轻的行政助理琼丝就是一个典型的好嫉妒的人，她争强好胜，容不得别人比自己强，总想在各个方面都占上风。而琼丝的女同事、总经理秘书玛丽，无论在工作经验和干劲上都胜自己一筹，这令琼丝很不高兴。就连平时在穿着打扮上，琼丝也要和玛丽较劲，玛丽若今天穿了一套新服装来上班，琼丝明天必然换另一种名牌来压她。

当琼丝偶然得知总经理决定在她们两人当中挑选一人担任某分公司的负责人时，琼丝对玛丽的嫉妒便开始升级了。

这天，总经理让玛丽写一份关于公司近期办公管理状况的报告，并再三说明次日上午就要用。于是，玛丽便要求琼丝："务必在明天上班前将这份报告做好并交给我，我有急用。"

琼丝一听气就不打一处来，一边收集报告所需的资料，一边暗中发狠："你叫我干什么我就干什么，然后拿着我的劳动果实去向总经理邀功请赏！哼，这回没那么便宜，我非让你明天丢脸不可。"莫名的妒火烧得琼丝脑袋发晕。

第二天一上班，琼丝便电话告知玛丽："由于下边几个部门的统计资料迟迟交不上来，耽误了时间，所以，报告现在还没写完。"

接下来，因玛丽交不上报告，总经理大发雷霆。当他得知是琼丝的所作所为后，马上辞退了她。

十一、躺在自己文凭上的人

优秀员工会像储存金钱一样，积极地去储存知识和技能。因为这是不被淘汰唯一靠得住的资本。

有些员工躺在自己的文凭上高喊着："我的知识还用学吗？早就绰绰有余了！"现有的文凭对这些满足现状的员工而言，就是一劳永逸的资本，是可以吃一辈子的"金饭碗"。

如果他们听听比尔·盖茨的一番话，不知又会作何感想。

"每一位到我这儿报到的人，我都会提醒他：你的文凭只代表你过去的文化程度，它的价值只会体现在你的底薪上，它的有效期是 3 个月。要想在我这儿继续干下去，那就必须从小学生做起，积极主动地寻求新的知识。"

"在我看来，学习能力就是一种工作能力。一个不善于学习的人，一个不知道自己该学习什么的人，往往工作能力也不怎么样。"

知识经济时代，无论你从事的是何种行业，没有知识便无法立足，不继续加强知识的学习和技能的深化更是可怕。因为这意味着你将丧失继续前进的动力，意味着你将被周围不断发展的环境抛弃，你会逐渐被掌握更多新知识和拥有新技能的人所取代。

十二、悲观消极的人

大名鼎鼎的微软公司在招聘员工时，最青睐一种人。这种人并非是某一方面的专家，而是因为他们积极进取、心怀梦想。而对于那些做事畏首畏尾、保守、消极的人，即使他才华横溢，微软也坚决不予录用。

对于这点，松下幸之助颇有感触："在工作中缺乏积极、主动性的人，必定是些悲观消极的人。这种人一生中的大部分时间往往都是处于失业状态，除非他有一个非常显赫的家庭，就算如此，上帝也会在街道的拐角处拿着大棍等待他！悲观、消极是成功的最大杀手。机会绝不会光临他！"

其实，松下幸之助说的就是自己的经验之谈，因为正是"积极、主动"成就了他！

松下幸之助年轻时家境特别贫寒。1917 年，他与妻子、内弟把自己的住房改造成工厂，开始独立研制和经营电灯插口。可他们的退职金和存款合起来还不足 100 元，连购置一台机器的能力都没有。尽管如此，他还是执著地投入了。"一旦选择，就义无反顾"，这就是他的个性。坚持就是胜利，他相信自己能成功。

松下幸之助说："在我的人生中，任何一次消极和悲观，都足以致松下公司于死地。当公司遇到困难时，单靠我一人的力量肯定是应付不了的。幸运的是，我有很多员工，他们自始至终和我站在一起。在大家的共同努力下，公司才得以抓住机会，摆脱困境。所以，不单是对企业领导人，即使是普通员工，乐观、积极进取的精神也是必不可少的。"

至今，松下公司的招聘官仍将"积极主动、乐观向上"放在员工的必备条件之首。

消极被动的人，最容易被环境左右。在秋高气爽的时节里，兴高采烈；在阴霾晦暗的日子里，就无精打采。积极主动的人心中自有一片天地，环境的变化不会对其发生太大的作用，他们的心情掌握在自己手中。

沉闷、木讷、墨守成规的人，一遇到挫折，就悲观消极，不能自拔，甚至开始怀疑自己的能力，并失去继续前进的信心。这样的人根本不能在激烈的竞争中生存，因为任何企业都不需要他。

十三、不愿沟通、自我封闭的人

不愿沟通、自我封闭的人，他们把自己的思想和情感紧紧裹藏起来，在自我封闭和谨小慎微中逐渐变得狭隘、冷漠、平庸，最终难逃被淘汰的命运。

沟通真的如此重要吗？

让我们先来看看历史上著名的"滑铁卢战役"吧！

"滑铁卢战役"不仅改变了英法两国命运，同时也把拿破仑从神坛上拉了下来。对于这次战役法国惨败的原因，各方人士众说纷纭、莫衷一是。然而，作为最主要的当事人——拿破仑最有发言权！你知道他是怎样评价的吗？

"这场战役之所以失利，最主要的是我很久没有和士兵一起喝汤了。"

这就是拿破仑总结出的失败原因！

拿破仑所谓的"没一起喝汤"，就是缺少了与士兵的沟通和交流，从而导致了法军的彻底失败！这足以证明沟通的重要！

杜邦公司的高层曾经专门召开了一次名为"张开你的嘴巴，拒绝做不愿沟通的人"的会议，强调并鼓励所有的杜邦员工之间多进行沟通。因为它既有益于团队之间的团结与合作，又能增加彼此之间的信任。

心理阴暗、冷漠和自我封闭的人，常对工作抱以不负责任的态度，拒绝与他人进行坦诚布公的交流，尤其是存在隔阂和误解时，不是敞开心扉、畅所欲言，而是固执地抱着自己的偏见，任情势恶劣下去。结果害人害己，最后损害的是公司的利益。

所以，任何一家企业都坚决拒绝封闭式的人。而那些善于沟通和交流，并借此激发彼此灵感的人，总能给企业带来意想不到的收益，他们才是世界 500 强企业真正急需的人才。

补充阅读

束缚穷人的 14 个错误观念

罗伯特·艾伦，美国经济学大师，艾伦集团总裁。他认为，许多人之所以终生不能获得财务自由，甚至陷入贫穷中不能自拔，是因为受到一些传统的错误观念所束缚。这使他们在财富之路上误入歧途。下面是他总结的 14 个错误观念：

1. 坚守某一职业，终能致富。
2. 省钱能致富。
3. 借钱是坏事，应力求避免。
4. 安全为一切之上。
5. 失败总不是好事。
6. 贫富是由物质多少来衡量的。
7. 经济来源一靠政府，二靠他人。
8. 只有你输了，我才能赢。
9. 有钱才能赚钱。
10. 只有穷人才能上天堂。
11. 只有罪犯有钱。
12. 越有钱越容易倒大霉。

13. 人若是没有钱，也就没有朋友。

14. 赚大钱是只有别人能办到的事。

在生活中，我们随时能听到有人谈起上述观点，而且谈论者多是穷人。因为谈论的人太多，很容易让人信以为真。但上述观点存在严重的缺陷，如果不突破它们的局限，便致富无门。

（资料来源　胡卫红：《世界 500 强创始人的 16 个商业信条》，北京，企业管理出版社，2004）

第二节

"世界 500 强"最需要的人

一、目标远大、永不满足的人

远大的目标就是一面飘扬的旗帜，不但能鼓舞人心，还能激发人们的斗志，焕发出忘我的精神，使人们清醒地把自己取得的成绩当作继续奋进的起点，一路精神饱满地走下去！具有这样坚定信念的进取型员工，是世界 500 强企业最需要的人。

从某种意义上讲，一个人的成就是由他所设定的目标决定的。

美国一些心理学家的研究表明，当一个长跑运动员的目标是 10 公里时，他的身体极限和心理极限就限定在 10 公里的范围内，当他努力跑完 10 公里后，就再也没有力气去向更远的目标冲刺了。

而那些把目标定在 20 公里的运动员，当他们跑完 10 公里时，会在心里告诉自己："赛程刚刚过半，还要继续前进啊！"结果他们的身体和心理都在为自己加油，就连平时难以发掘的潜能也会赶来"帮忙"，让他们最终跑完 20 公里！

令人惊奇的是，这些运动员的体能等因素差别都不大，关键就是自己设定的目标在起决定性作用！

诺基亚手机研发部的波特一连几天都闷闷不乐，同事见他一副眉头紧锁的样子就开玩笑道："波特先生哪儿都好，就是太不知足了。你也不想想，咱们研发部不像生产和销售部，没有什么硬性指标，薪水甚至比他们拿得还多，该高兴才是啊！"

"我不是为了薪水想不开，我是在想，我们整天坐在研究室里，总该有个长远目标，老拿不出新创意，我倒觉得不好意思了！"

"嗨，现在诺基亚手机已经是世界著名品牌了，不管是技术性能，还是外观形象，早已深入人心了，还上哪里去找更高的目标呢。"

尽管同事们说得有些道理，但他还是暗下决心：一定要让诺基亚在自己的开发下有一个质的飞跃！

有了这个非同一般的目标后，波特更是寝食难安，每日里满脑子都是考虑如何让诺基亚更加符合消费者日益增长的需求。

一天，在地铁里他获得了一个惊人的发现：几乎所有时尚男女都配戴着手机、一次性相机和袖珍耳机。这给了他很大灵感："能不能把这三个最时髦的东西组合在一起呢？如此一来，不是既轻便又快捷吗！"

第二天他马上找到主管："如果我们在手机上装一个摄像头，让人们在接听音乐的同时，把自己和在外面见到的所有美好事物都拍摄下来，再发送给亲友，该是多么激动人心啊！"

主管被他的创意惊喜得高声叫道："好样的，波特，我们马上就着手研制！"

这种具有拍摄和接听音乐功能的手机很快研制成功，一经推向市场，就大受青睐！波特不但实现了自身的价值，而且他还得到了应有的奖励。更重要的是，在实现宏伟目标的过程中，波特得到了从未有过的快乐！

而像世界500强这样的企业需要的是，每个员工都要像波特一样：向前，向前，目标永远在前方！这就需要每个员工必须与企业的主旋律合拍，绝不允许有停滞不前和骄傲自满等不和谐的音符出现。这样的人，是世界500强最需要的人。

二、积极行动的人

如果你已经设定了自己的目标，那么，你离它还有多远？怎样去实现你的目标呢？比如，你确定的目标是半年内完成全年销售额，接下来怎么办？做一个计划，如果任务艰巨复杂，可以把大目标分成若干小目标，计划好每一个月、每一个星期完成多少。然后整合所有的资源，寻找能给你鼓舞和力量的人，充分利用身边一切可利用的条件，建立一个智囊团。

听一听世界500强之一的石油大亨洛克菲勒是怎样忠告女儿的吧。

"一旦确定了目标，就应尽一切可能，努力达到目标。如果你要当一名律师，首先要了解律师的一天是怎么度过的。要找与这一职业相关的人交谈，了解情况，学习经验。要记住，跟讨厌自己职业的人交谈，不会有积极作用。优秀的忠告者会给你提出合理的建议，尤其重要的是他会教导你怎样去做。当你达到了目标，自己开了律师事务所，就知道这些的必要了。"

把目标写在纸上，然后制订一个切实可行的计划，把你的目标量化，并且要有时限。

艾维·李是美国的现代公关之父，他认为计划好每天的工作才能逐步实现自己的目标："把你明天必须要做的最重要的工作记下来，按重要程度编上号码。早上一上班，马上从第一项工作做起，一直到完成为止。再检查一下你的安排次序，然后开始做第二项。如果有一项工作要做一整天也没关系，只要那是最重要的工作，就坚持做下去。"

三、发挥自己专长的人

作为一名职员，在众多的同事中很难把自己显示出来，只有在关键时刻能露一手，才能引起上司的注意，才能引起同事的佩服，并奠定自己业务骨干的地位，为今后的发展打下基础。

1. 坚守专业

眼下专业意识虽已被淡化，但专业仍是大学生的立足之本，从事本专业的工作，比改行有更大的发展潜力。

2. 强化技能

除专业之外，你更需要具备各种优异的技能，才可以凭借自己的力量去创造机会。成千上万的人都专心致力于寻求机会，其实一个人若没有一种特长，即使你手中握着大学文凭，背靠着亲戚朋友，也没有用。总之，你要尽量培养本领，将它积存起来。你不需要表面上的财富，可是你的内涵却非得十分富足不可。

3. 非你不可

不管学什么，你都要学会一两种专长，让你的上司认为"这点我的确比不上他"。只要能做到这点，上司就会在这方面让你一步。

显然，你有一技之长，又是企业需要的，500 强企业一定需要你，并对你另眼相看。

四、尽职尽责工作的人

世界 500 强企业需要尽职尽责的人，因为尽职尽责就是要勤恳努力、兢兢业业，不计个人得失，一切为企业的利益着想。工作中的很多失败都源于责任心的缺乏。责任心是做好每一份工作的必要前提。因此，任何一家企业都会毫不犹豫地剔除不负责任的员工，而那些尽职尽责的人则备受青睐。

尽职尽责的反面是消极、怠惰、拖沓、推诿搪塞、投机取巧、敷衍了事，做一天和尚撞一天钟。如果你有上述行为之一，早晚会变成丧家之犬！

世界 500 强企业沃尔玛的一位主管吩咐三个员工去做同一件事：去供货商那里调查一下家用电器的数量、价格和品质。第一个员工并没有亲自去调查，而是用电话打听了一下供货商的情况就做了汇报。第二个员工亲自去供货商那里了解了一下家用电器的数量、价格和品质，就回来汇报。第三个员工不但亲自到供货商那里了解商品情况，还根据公司的采购需求，对供货商最有价值的商品做了详细的记录，并且与其销售经理取得了联系。在返回途中，他还去了另外两家供货商那里，并将三家供货商的情况进行详细比较，制订出了最佳购买方案。

第一个员工敷衍了事；第二个员工被动听命；只有第三个员工做到了尽职尽责。如果你是总裁，你会重用哪一个呢？如果有加薪的机会，谁会得到它呢？

五、富有创意的人

决定世界 500 强企业成败的已不再是企业投入的固定资产数量，而是企业的技术创新、制度创新和管理创新。

在世界 500 强企业微软里，大家的共识是，最好是去创新，即使失败，也比不创新好得多。

微软最早以 MS-Dos 起家，并以这个操作系统占有了 80%～90% 的软件市场。Dos是微软最赚钱的商品，但后来被视窗系统取代，不是由于竞争者的威胁，而是微软的自我更新。比尔·盖茨有句名言：我永远离破产只有 18 个月。

我们可以从微软领先市场中获得两个启示：一是如果企业不推出新产品，别的企业就会取而代之；二是面对产业的更新，谁能率先改变，谁就掌握先机。

汽车大王——艾柯卡认为："不创新，就死亡"。

创意在现代经济领域的作用体现得最明显，如果把各国企业之间的经济竞争比喻为世界经济大战的话，那么，这场大战的核心和前端则是创意大战。

创意时代，创意思维行销天下，谁能紧握它，谁就能胜人一筹，先人一步！

一个任由创造性思维迸发激荡的时代已然来临。世界500强企业需要富有创意的员工。

六、诚实可靠的人

人无信不立，良好的信誉能给自己的生活和事业带来意想不到的好处。诚实守信是形成强大亲和力的基础——诚实守信会使人产生与你交往的愿望，在某种程度上，会消除不利因素带来的障碍，使困境变为坦途。

以诚相待是人际交往中最重要的砝码，大多数矛盾都能用诚信的办法解决。只要真诚待人，就能赢得良好的声誉，获得他人信任，将潜在的矛盾化解在无形之中。

人们都喜欢和诚实的人交往共事。也许你无法让所有的人都喜欢你，但是至少可以让大多数人都信赖你。诚实的人日久天长会逐渐形成宽容博大的胸怀，周围充满微笑和友爱；心思纯洁的人会渐渐养成自律的习惯，周围充满宁静和平的氛围。

那些讨厌正直诚实的人，机会同样也讨厌他们。

诚实是衡量人品行的一把尺子。这把尺子，无论古今中外，适用于所有人。诚实守信不仅是一个人品行的证明，同时，它还使人树立起对家庭、对社会的强烈责任感。那些有能力并且积极肯干的年轻人都能够欣然接受任何工作，每天都向世人证明自己是值得信赖的，自己是具有价值的。这样的年轻人，迟早会得到世界500强企业的提升。

七、有团队精神的人

企业的生存，需要一个精诚协作的团队；而一个员工若要在企业中生存，唯一的途径就是与团队紧密合作。人类通过与他人交往并成为团队中的一员而得到安全感，当人们遇到困难时，总是求助于团队，以获得指导和支持。

"我在某大公司上班，我们的某项技术在世界上都算是领先的。"

"我是我们公司田径接力队的成员，上个月我们还在全国接力赛上得了冠军呢。你在报纸上看到我们公司的照片了吗？"

诸如此类的话表现了加入某个团队给个体带来的荣誉感。因此，被团队接纳，增强了个体的自我价值感。

初来乍到，对同事不很熟悉，对上司不太了解，与客户缺乏沟通，业务还没有驾轻就熟，你可能无所适从。但别忘了企业里不仅你一个人，而要马上投入到团队中去，寻求帮助、获取资源。

井深大刚是索尼公司的副总裁。他刚进索尼公司时，索尼还是一个只有二十多人的小企业。但总裁盛田昭夫却对他信心百倍地说："我知道你是一个优秀的电子技术专家，好钢要用在刀刃上，我把你安排在最重要的岗位上——由你来全权负责新产品的研发，怎么样？你这一步走好了，企业就有希望了！"

"我？我还很不成熟，虽然我很愿意担此重任，但实在怕有负重托呀！您能给我指点迷津吗？"

"新的领域对每个人来说都是陌生的，关键在于你要和大家联手，这才是你的优势所在！众人的智慧联合起来，还有什么困难是不可战胜的呢？"盛田昭夫很自信地说。

井深大刚一下子豁然开朗："对呀，我怎么光想自己？不是还有二十多名同事吗？为什么不向他们虚心求教，共同奋斗呢？"

他找到市场部的同事一同探讨销路不畅的问题，然后他又找到信息部的同事了解市场信息情况。在研制过程中，他又和生产第一线的工人团结合作，共同攻克了一道道技术难关，在 1954 年成功试制出日本最早的晶体管收音机，并成功地推向市场。索尼公司由此迈进了新纪元！

井深大刚也凭借集体的力量，由一名缺乏信心的新手，脱颖而出，一跃成为索尼公司的副总裁。

八、敢于与对手合作的人

没有竞争就没有活力，但没有协作，竞争就无从谈起。一位著名企业家曾说过："我有利，客无利，则客不存；我利大，客利小，则客不久；客我利相当，则客可久存，我可久利。"所以，现代社会，竞争无法避免，但合作、强强联合则是发展趋势。

1997 年 8 月 6 日，IT 界传出了一条惊人的消息：微软公司的总裁比尔·盖茨宣布，他要向陷入财务危机的苹果电脑公司注入资金 1.5 亿美元。消息一经传出，各界人士一片哗然！

几乎所有人都知道，近年来，微软与苹果一直是计算机市场上的重量级拳王，互为对手，在市场竞争中斗得很是激烈。如今，苹果公司遭遇了前所未有的困难，昔日的王者风范正逐步消失，再差一步就要被淘汰出局，若微软再出重拳，肯定会将苹果逼上绝路。不过，身为微软总裁的比尔·盖茨非但没有这样做，而且还伸出手来主动拉苹果一把，着实让世人大吃一惊。

这是微软的气度，也是微软掌门人比尔·盖茨的气度。

九、严格守时的人

世界 500 强企业认为：守时，是一种美德，也是对别人的尊重，拥有这种美德的员工比其他员工更容易获得升迁、重用的机会。

做一个严格守时的员工，每天就算不第一个到办公室，也不要姗姗来迟。如果能早到一会儿，整理一下办公室，查一下电子邮件，提早进入工作状态，这样你就会看起来精神饱满。

摩根斯坦利创始人约翰·皮尔庞特·摩根在他女儿开始工作的时候，郑重告诫女儿："从你正式踏入公司的那一天开始，必须每天准时上班，勤恳工作，试想一个连准时上班都无法做到的人，又怎能担负重任呢?"

日本的三菱集团一向以管理严格而著称，他们的员工都具有极强的时间观念。也可以说，守时是三菱集团录用和培训员工的重要内容，也是衡量员工是否会得到晋升的重要标准。

大学毕业以后，对三菱憧憬已久的恭子参加了三菱集团的招聘考试。经过层层的筛选和激烈的竞争，恭子终于顺利地成为三菱公司的一名正式员工。在新员工的培训会议上，和所有新同事一样，恭子紧张地坐在下面，为即将获得世界一流企业的技能和管理知识兴奋不已。大家都希望早一点了解这家世界一流企业在员工管理上的秘诀。但令所有新员工意外的是，负责培训的主管只说了一句话:"作为一名三菱的正式职员，首先要求大家做到的，也是成为一个优秀员工最重要的一条:按时上班——不管在什么情况下，你都要坚决守时!"

难道大家企盼的成功秘诀就这么简单? 是的，就是这么简单! 虽然有些不可思议。

然而，对于如此简单、朴素的要求——"按时上班"，又有几个员工能数年、数十年如一日地坚持下来呢?

最深刻的真理往往通过最朴素的事情表现出来，按时上下班从表面上看虽是件很普通的事情，却体现了员工的时间观念。

上班迟到几分钟，下班早走几分钟，这些看似很小的事情，如果不引起足够重视的话，就很容易形成散漫的习惯。而一旦这种散漫在整个企业中蔓延，那么，这个企业的信誉、效率都将受到致命的打击!

那些被人称颂的伟人无不是严格守时的典范!

美国第一任总统华盛顿，在担任总统期间，有一个习惯，经常于下午4时的聚餐，第一个到达餐厅，只要规定的时间一到，不管人有没有到齐，总是按时开宴。有时哪怕只有他一个人也是如此。这使那些议员非常尴尬，然而，华盛顿却严肃地说:"我的厨师只问预定的时间到了没有，从来不问客人到了没有。"

同样，法国拿破仑也从不纵容迟到的手下。一天，他请身边的几位将军聚餐，一切准备就绪，用餐的时间已经到了，可是那几位将军还没有来。拿破仑拿起餐具就用起餐来。等到那几位将军到来时，拿破仑已经酒足饭饱。他拿起餐巾擦擦嘴，站起来对他们说:"诸位将军，聚餐的时间已经过了，咱们到会议室开会去吧!"听到这些，那几位将军显得十分愕然，你看着我，我看着你，哭笑不得，只好饿着肚子跟着拿破仑开会去了。从此以后，那几位将军，再也不敢在拿破仑规定的时间内迟到。

医生如果迟到一分钟，一个等待抢救的生命可能就此逝去!

旅客如果迟到一分钟，事先定好的航班就可能已经飞走!

战场上重要的情报如果迟到一分钟，伟大的胜利可能就将演变成不可收拾的惨败!

职场上如果迟到一分钟，一张巨额的订单就可能无法挽回，一场事关成败的交易就可能被对手捷足先登，甚至你的大好前程可能就此暗淡无光!

正因如此，世界500强企业才会把最守时的员工列为他们最需要的人才!

十、踏实工作的人

世界 500 强企业需要踏实工作的人，因为脚踏实地，放弃一切不必要的幻想，是任何一名员工做好工作的第一步；也是员工调整好心态，积极主动去工作的第一步；同样是员工扎根职场，逐步显示潜力和价值的第一步；更是员工提升自己，适时展现光芒的第一步！

工作中有些人之所以好高骛远、心浮气躁，是因为不了解自己的能力，没有准确定位。

比尔·盖茨最聪明的地方不是他做了什么，而是他不做什么。以他的实力，完全可以买下整个纽约，可以去做房地产，但他专注于自己所擅长的计算机操作系统、软件开发，而不受市场中别的利益点所诱惑。

投资大师沃伦·巴菲特，即使在 IT 业最风光的时候，他也没有持有一家 IT 公司的股票，原因很简单：技术上的事他懂得不多，而对自己搞不懂的事，他一般都敬而远之。他只把钱投在自己认为可靠的地方。"在其他人都投资的地方去投资，你永远不会发财。"沃伦·巴菲特笃信此理念，也正是由于他坚持特色，执著理念，才在资本市场上如鱼得水、大赚特赚。巴菲特是保持头脑清醒的典范，任何时候他都知道量力而为。

麦当劳的创始人克罗克，他从小就喜欢胡思乱想，被人们称为"丹尼梦游人"。

一开始，他四处碰壁，在太多不切实际的梦想破灭之后，才意识到脚踏实地的重要性，并且下定决心愿意为此付出毕生的努力。

意识的转变决定行为的改变——他很快便热爱上了眼前的工作——他从咖啡豆和小说的推销、出纳等游移工作状态中彻底摆脱出来。在芝加哥，克罗克坚定执著地当上了"丽丽牌"纸杯的推销员，并且这一干就是 20 年。

凭着脚踏实地和积极肯干，克罗克不但为自己积累了宝贵的经验，也积累了珍贵的财富，为自己创业打下坚实的基础——最终成为世界快餐业巨头——麦当劳的创始人！

假如克罗克没有脚踏实地，在近 20 年艰苦的推销员生涯中没有坚持住；假如克罗克没有积累到足够的商业经验和创业资本，那么也许就不会有今天的麦当劳！

险峰之巅的美妙风景永远属于脚踏实地、一步一个脚印追寻自己梦想的人！

十一、感恩、忠诚的人

感恩是一种积极健康的心态。当你以一种知恩图报的心情去工作、去面对所有人时，你就会在工作时拥有愉快的心情，而这一点对职场中的每个人来说都是至关重要的。有过体验的人都知道，一份好心情往往会让你的工作更出色！

微软总部的办公楼里有一位临时雇佣的清洁女工，在整个办公楼几百名雇员里，她是唯一没有任何学历的人，却是工作量最大，拿薪水最少的人。

可她却是整座办公楼里最快乐的人！

每一天，哪怕是每一分钟，她都在快乐地工作着，对任何一个人都面带微笑，对任何人的要求，哪怕不是自己工作范围之内的，也都愉快并努力地跑去帮忙。

热情是可以进行传递的，周围的同事也很快被她感染，有很多人和她成了好朋友，甚至包括那些公认的冷漠的人。没有人在意她的工作性质和地位。她的热情就像一团火焰，慢慢地整个办公楼都在她的影响下快乐起来。

比尔·盖茨很惊异，就忍不住问她："能否告诉我，是什么让您如此开心地面对每一天呢？""因为我在为世界上最伟大的企业工作！"女清洁工自豪地说，"我没有什么知识，我很感激公司能给我这份工作，可以让我有不菲的收入，足够支持我的女儿读完大学。而我对这美好现实唯一可以回报的，就是尽一切可能把工作做好，一想到这些，我就非常开心。"

比尔·盖茨被女清洁工那种感恩的情绪深深打动了，他动情地说："那么，您有没有兴趣成为我们当中正式的一员呢？我想你是微软最需要的。"

"当然，那可是我最大的梦想啊！"女清洁工睁大眼睛说道。

此后，女清洁工开始用工作的闲暇时间学习计算机知识，而公司里的任何人都乐意帮助她，几个月以后，她真的成了微软的一名正式雇员。

500 强企业的门槛，并不是高不可攀，只要你带着感恩的心情，快乐地工作，任何一家企业都愿意为你敞开大门！

不管生活在哪个国度，谁又不对知恩图报的人更加青睐呢？同事更愿意帮助那些知恩图报的人，主管当然也更愿意提携那些一直对公司抱有感恩之心的员工。因为这些员工不但更明白事理、容易相处，而且对工作更热情，尤其是对公司更加忠诚！

十二、不断学习的人

如果你是工作数年自认"资深"的员工，也不要倚老卖老，妄自尊大，否则很容易被淘汰出局。那时候即使你是总裁眼前的红人，他也会为了公司的利益，舍你而去。

中国台湾的资深音乐人黄舒骏在这方面就感受很深。处在流行工业最前线的唱片圈 10 年来每年都有前赴后继的新人，以数百张新专辑的速度抢攻唱片市场，稍不留意就被远远地抛在后面。黄舒骏觉得："老不是最可怕的，未老已旧才是最悲哀的事。"所以，面对推陈出新的市场，不断学习和创新才能不被抛出轨道，"我是个容易忧虑的人，每天都觉得自己不行了"，这样的忧虑是进步的动力。

所以，不懈怠的学习才是百战百胜的利器。

在职场上奋斗的人的学习有别于学校学生的学习，缺少充裕的时间和心无杂念的专注，以及专职的传授人员，所以积极主动地学习尤为重要。

1. 在工作中学习

工作是任何职业人员的第一课堂，要想在当今竞争激烈的商业环境中胜出，就必须学习从工作中吸取经验、探寻智慧的启发以及有助于提升效率的资讯。年轻的彼得·詹宁斯是美国 ABC 晚间新闻当红主播，他虽然连大学都没有毕业，但是却把事业作为他的教育课堂。最初他当了 3 年主播后，毅然决定辞去人人羡慕的主播职位，决定到新闻第一线去磨炼，干起了记者的工作。他在美国国内报道了许多不同路线的新闻，并且成为美国电视网第一个常驻中东的特派员，后来他搬到伦敦，成为欧洲地区的特派员。经过这些历练后，他又重回到 ABC 主播的位置。此时，他已由一个初出茅庐的年轻小伙子成长为一名成熟稳健又广受欢迎的记者。

2. 努力争取培训的机会

多数企业都有自己的员工培训计划，培训的投资一般由企业作为人力资源开发的成本开支，而且企业培训的内容与工作紧密相关，所以争取成为企业的培训对象是十分必要的。如果有机会，就应该主动向总裁提出申请，表达渴望学习、积极进取的愿望。总裁对于这样的员工是非常欢迎的，同时技能的增长也是你升迁的能力保障。

3. 自己进补抢先机

在公司不能满足自己的培训要求时，也不要闲下来，可以自掏腰包接受"再教育"。当然首选应是与工作密切相关的科目，其他还可以考虑一些热门的项目或自己感兴趣的科目，这类培训更多意义上被当作一种"补品"，在以后的职场中会增加你的"分量"。

十三、敢冒巨大风险的人

世界上所有成功的企业家都是冒险家——面对一切的勇气和敢于战胜一切的冒险精神，足以让他们最终成为世界上最出色、最令人羡慕的人。企业中的员工也是如此，他的每一次成功无不是在进行一种大胆的冒险，任何成就都是靠勇敢一点一点夺取来的。

一位年迈的乡村医生乘马车来到一家药店，随身带着一个普通的铜壶。药店的伙计用全部家当——500 美元，买下了这个铜壶和一张便笺。便笺上记载的是一个古老而神奇的饮料配方。

那 500 美元可是他一家人赖以生存的全部资本啊，他这样做就等于背水一战！

这个小伙计不顾一切的冒险精神，最终带给他一个无与伦比的商业帝国！世界各地都有它的分支机构，只要有人类存在的地方，就有这种产品销售。

它创造了亿万美元的税收，解决了无数人的就业，现在，这个陈旧的铜壶和古老的配方已经成为世人皆知的神话！

它的名字就叫——可口可乐！

不管是必须面对的职场，还是在对人生的探寻之旅中，一个人最该拥有的财富是什么？

第一，无所畏惧；

第二，无所畏惧；

第三，还是无所畏惧！

世界 500 强企业总是鼓励员工，让他们更勇敢些，更富有冒险精神，并告诉他们，勇敢的员工正是他们最需要的人！

十四、善解人意的人

工作繁忙的世界 500 强的企业家们，希望自己的员工能善解人意，能准确领会他们的意图。只有这样，企业内部才会上下和谐，工作的效率才会更高！

小田千惠是日本索尼公司销售部的一名普通接待员，主要负责给往来的客人订购机票、车票。随着业务的不断扩大，她时常要为一家美国大型企业的总裁订购往返于东京和大阪的车票。

后来，这位总裁发现了一个非常有趣的现象：他每次去大阪，座位总是紧临右边的窗口，返回东京时，又总是坐在左面窗口的位置上。

"不会总是这么好运气吧？"因为这样他总在抬头时就能轻易看到美丽的富士山。这位总裁对此百思不得其解，随后便饶有兴趣地去问小田千惠。

"噢，是这样的，"小田千惠笑着解释道："您乘车去大阪的时候，日本最著名的富士山在车的右边。据我的观察，外国人都很喜欢富士山的壮丽景色，回来的时候座位正好相反，所以，每次我都特意为您预订了可以一览富士山的位置。"

听完小田千惠这番话，这位美国总裁非常感动，并真诚地赞美道："谢谢你，你真是一个出色的雇员！"

"谢谢您的夸奖，这完全是我应尽的职责！"小田千惠笑着回答。

这位总裁在震惊之余，对小田千惠的上司道："就这样一件小事，贵公司的职员都想得如此周到，那么，毫无疑问，贵公司更会对大生意尽心竭力。与你们合作我一百个放心！"善解人意的小田千惠没有想到的是，很快，这位总裁将贸易额从500万美元一下子提高到2 000万美元，她也因此被提升为接待部的主管。

同样，假如你能够做到常为同事着想，你就会惊奇地发现："工作其实并不是一件很无聊、很枯燥的事情，良好的人际关系和友善的工作氛围往往让自己更有活力、更有效率！"

善解人意的员工，更容易获得同事的认同、总裁的赞赏和客户的信任，因为他可以快乐、积极和富有创造性地工作，它能推动着你很快从平凡走向优秀。

这就是那些善于沟通、善解人意的员工总会被世界500强企业竞相追逐的原因。

十五、适应环境变化的人

职场上只有像变色龙那样拥有顽强适应能力的员工，才可能在变化、发展的企业里获得自己的一席之地。而那些适应能力差的员工，即使像恐龙一样的强大，仍旧难逃被淘汰的命运。

牛津大学高材生贝利，原是一家法国公司驻英国的首席代表，而立之年，他竟然"失业"了。原因是他任常务副总裁的这家企业，在他上任两个月以后，突然派了家族中的某某做他的正职。"业务刚刚开始，就防着我这个外人，让一个没文化、没本事的人做我的主管，我怎么咽得下这口气！"所以，他选择了离职。

一名美国著名网络公司的亚洲区销售总监，曾经深受前任老总的重用，可眼下老总换了新人，一朝天子一朝臣，他备受冷落，但他毫无怨言，仍然很努力地工作，他说："退一步海阔天空，我在寻找新的突破口！"

同样的境遇，不同的看法，会产生不同的结果，就看谁的适应力更强。

面对新的环境，与其抱怨或逃避，倒不如让自己去主动适应它！

在世界500强企业家眼里，那些有很强适应力的员工，大都才华出众，他们的学识修养、工作技能，能够轻松驾驭任何一种工作。这样的人当然也就越容易被主管发现和重用！

十六、调整自己心态的人

世界500强企业在选拔人才的时候，往往会把员工安排在最艰苦的岗位上进行考验，缺乏适应能力的员工只有被淘汰，而那些能经受住考验，并迅速适应新工作的员工才会被委以重任。

进入微软的员工，听到的第一句话是："你的学历和现有的知识说明不了任何问题，它唯一能够影响的就是你三个月以内的底薪。因此你的一切必须从适应开始！"

微软是这样说的，也是这样做的。他们总是通过定期更换工作环境，来磨炼员工的适应能力。在微软，每一个员工在同一个岗位大约只能待三个月，然后就被安排去干别的工作。因此，微软的员工可以说一直处在一个不断变化的环境中。为了更快地适应环境，每个员工都不得不自发地努力学习相关的知识，熟悉不同的工作，了解整个公司不同部门的不同需求。

从短期利益上看，如此频繁的人员调动可能会影响到员工业务的熟练；可是从长远看，这却是对员工适应能力的绝好锻炼，更有助于他们发挥自己的潜能。也正因为如此，整个微软公司才能永葆一种生机勃勃、蒸蒸日上的态势。

越是优秀的员工，在艰苦的环境里越是表现出顽强的韧性和乐观的态度，因为他们知道，适应工作环境的过程就是一个学习、播种的过程，环境越艰苦，往往收获也就会越丰厚。

一次，松下集团为了选拔一位南美区的总负责人，在全世界的各个部门内寻找最优秀的人选。经过激烈的竞争和层层选拔，最后剩下两位最优秀的松下中层主管被送往总部接受总裁的面试。

两位主管，一位是来自美国松下公司客服部的经理马克·戴维；另一位是来自马来西亚松下公司产品开发部的负责人日籍马来西亚人阿巴·蒂姆。两人都在松下公司任职多年，并且各自都创造过辉煌的业绩。这次在众多的松下员工中能够脱颖而出，也充分显示了他们的实力。

两人都满怀信心地来到松下总部。进总部之前，他们一路都在思索总裁会给自己出什么样的题目以及我该如何回答。但是，他们并不怎么担心，因为一路过关斩将地到了这里，对他们来说什么样的难题都已经经历过了。

他们接到通知："总裁松下幸之助先生让你们去东京帝国酒店，他将在那里对你们进行面试。"

东京帝国酒店？那可是全日本最好的酒店，他俩兴冲冲地赶到了帝国酒店。酒店经理听了他们的来意之后，笑容可掬地对他们说道："松下先生让你们在我这儿做一个星期的服务生，这就是他给你们的面试题。"

"服务生？"戴维和蒂姆一脸错愕，酒店经理看了看他俩僵硬的表情，依然笑容可掬地继续说："从现在开始你们就是我的员工，根据酒店的安排你们可以去洗厕所了。"

"洗厕所？"戴维和蒂姆简直不敢相信自己的耳朵，酒店经理拍了拍惊呆了的俩人的肩膀喊道："干吧！必须把马桶洗得光洁如新。"

经理那句重点强调的"光洁如新"更是让他们犹如挨了一记闷棍。做还是不做？他们没有多少可考虑的时间了，既然来了，他们谁也没有想过要放弃。

当马克·戴维的手拿着抹布伸向马桶时，胃里立刻有如翻江倒海，恶心得想吐，却又吐不出来，太难受了。他甩下抹布，冲出卫生间，对经理说道："上帝，我干不了这个！"

酒店经理微笑着对戴维说："你去看看阿巴·蒂姆是怎么做的吧！"

马克·戴维来到阿巴·蒂姆要擦洗的那个卫生间，只见他高高地挽起洁白的衬衫衣袖，拿着抹布一遍遍地认真擦洗着马桶，直到光洁如新。

当然，最终阿巴·蒂姆成了南美地区的总负责人。

世界不是为你定做的，你能做的就是改变自己。当你无法改变别人或改变环境的时候，试着去改变自己吧，你会发现有意想不到的惊喜在等着你。

十七、细致观察、发现问题的人

香奈儿香水在整个世界都享有盛誉，引领着香水业的潮流。可是曾经有一段时间，产品在销售上出现了严重的困难。为了走出困境，公司邀请了著名职业经理人罗博斯·切尔来解决危机。

经过细致、全面的调查，切尔做出了一个令全公司员工目瞪口呆的决定——撤掉了一位德高望重的部门经理。而这位经理，不但是香水开发的权威，更是公司的元老，为早期市场的开发做出过巨大的贡献。

当所有人都还在为切尔的决定震惊的时候，又一枚重磅炸弹在人群中爆炸——切尔起用了一个名不见经传的人坐上了原部门经理的宝座，而且这位新经理对于香水研制一无所知！

切尔究竟是万能的上帝，还是个不顾后果的疯子？

事实给切尔的决定做出了最完美的解释——两个月过后，公司彻底摆脱了销售上的困境。

那么，切尔这位神奇魔术师的指挥棒背后究竟隐藏着什么秘密呢？

原来，在调查的过程中，切尔发现，市场上的消费和时尚潮流已发生了巨大的变化，要想保持产品的优势，香水的研制方向和销售策略必须根据市场的需求随时做出相应的调整。

虽然很多人都向原来的经理提出过意见，可是他完全漠视市场潮流和大家的看法，顽固地坚持自己的观点，而且他崇高的地位让人无法说服他——原来公司发展的柱石，现在无疑已经成了阻碍发展的巨大障碍。

尽管你紧握着世界第一流的技术，尽管你拥有多年的经验，可是你研制的产品却完全忽视了市场的需要，当然逃不过失败的命运——就好像面对一个厌恶喝酒的人，即使你拿出窖藏多年的皇家极品，在他的眼里，一样只是穿肠毒药而已，因为你没有顺应他的潮流——不符合他的需要。

忽视潮流，甚至逆流而上的员工，在企业内部的激烈竞争中只可能有一个结局——被坚决地淘汰！

新上任的部门经理，虽然没有专业的技术，可是却能适应市场，适应潮流。设计出的产品，虽然并不是完美无瑕或无懈可击，但恰恰是顾客所需要的。他的成功只存于一点——把握住了企业运作和市场需求两大潮流的方向，并且能够竭力顺势而行，自然就取得了事半功倍的效果。

杰出，不光是源于力量，也不光是源于权势，而是更多地源于你是否能发现问题。

十八、自动自发工作的人

世界500强企业欣赏自动自发工作的人，可是许多年轻人大多是茫然的。他们每天在茫然中上班、下班，到了固定的日子领回自己的薪水，高兴一番或者抱怨一番之后，仍然茫然地去上班、下班……他们从不思索关于工作的问题：什么是工作？工作是为什么？可以想象，这样的年轻人，他们只是被动地应付工作，为了工作而工作，他们不可能在工作中投入自己全部的热情和智慧。他们只是在机械地完成任务，而不是去创造性地、自动自发地工作。

其实，工作是一个包涵了诸多智慧、热情、信仰、想象和创造力的词汇。卓有成效和积极主动的人，他们总是在工作中付出双倍甚至更多的智慧、热情、信仰、想象和创造力，而失败者和消极被动的人，却将这些深深地埋藏起来，他们有的只是逃避、指责和抱怨。

工作首先是一个态度问题，是一种发自肺腑的爱，一种对工作的真爱。工作需要热情和行动，工作需要努力和勤奋，工作需要一种积极主动、自动自发的精神。只有以这样的态度对待工作，我们才可能获得工作所给予的更多的奖赏。

成功取决于态度，成功也是一个长期努力积累的过程，没有谁是一夜成名的。所谓的主动，指的是随时准备把握机会，展现超乎他人要求的工作表现，以及拥有"为了完成任务，必要时不惜打破常规"的智慧和判断力。知道自己工作的意义和责任，并永远保持一种自动自发的工作态度，为自己的行为负责，是那些成就大业之人和凡事得过且过之人的最根本区别。

明白了这个道理，并以这样的眼光来重新审视我们的工作，工作就不再成为一种负担，即使是最平凡的工作也会变得意义非凡。在各种各样的工作中，当我们发现那些需要做的事情——哪怕并不是分内的事的时候，也就意味着我们发现了超越他人的机会。因为在自动自发地工作的背后，需要你付出的是比别人多得多的智慧、热情、责任、想象和创造力。

补充阅读

世界500强创始人的十六个信条

1. 学问可以不高，野心不可不大

一位大富豪曾提出过一个问题："穷人最缺少的是什么？"

他的答案是：穷人最缺少的是野心。

如果你不认为心中的梦想只是一个可笑的想法，并且坚信它将出现在你未来的生活中，那么，你的成功之旅已经开始了。

2. 向无限可能性挑战

一个人可能取得的成就永远比他想象的要大得多，他也可能获得做梦也想不到的巨大财富。这需要一个目标，将精气神集中于一点。

人们并不缺少目标，只是缺少一个渴望达到并且坚信可以达到的目标。可有可无的目标损害兴趣，迟疑不定的目标损害信心。这正是绝大多数人终生碌碌无为的原因。

3. 做得好就有机会

每天有一百个赚钱的机会。将机会变成财富，却需要眼光、胆量和腕力。一个赚钱的机会通常看起来不像一个赚钱的机会，没有眼光你将跟它擦身而过；一个发财的机会通常看起来像一个破产的机会，没有胆量你将吓得逃之夭夭；一个致富的机会通常是一个检验个人素质的机会，没有腕力你只能眼睁睁地看着它成为别人的幸运。

4. 果断出手，想好就投钱

洛克菲勒说："把我脱光衣服扔进沙漠，只要有一支驼队经过，只要给我足够的时间，我照样能做成大富豪。"

他的自信从何而来？因为他掌握了金钱的秘密。

环境好坏与启动资金多寡，都不是成功的决定因素。能否看准金钱的流向，能否确知钱在哪儿和如何得到它们，这才是致富的关键。

5. 做出自己的金字招牌

"名气一响，生意就会热闹。"这是一条商业秘诀。商人在没有做出公众信赖的牌子之前，无论赚钱多寡，都是不入流的商人。把钱赚进钱包里，可能有一时幸运或不公正的因素，把牌子做进人们心里，就有了绵绵不绝的财源。

6. 提供正确的产品

何谓正确的产品？它必须是受欢迎而且有道德的。受欢迎是因为顾客以为它有满足自身需求的价值；有道德则是它确有满足顾客需求的价值，而且它的真实价值一般不会低于顾客的期望值。把致富希望建立在正确的产品之上，远远比依赖说服顾客的技艺更有保障。

7. 让生意来找你

李嘉诚说："人去求生意比较难，要让生意来找你，你就容易做。"商人低声下气地去求生意，苦心计算每一点蝇头小利，实为难事。让生意主动找上门来，你就做得顺风顺水。

如何让生意来找你？首先要打通"人心"这一关。争市场即争人心，必须跳出狭隘的利益计算，将人情做足，将面子做足。当大家觉得跟你合作有利可图又开心时，你就会发大财。

8. 赚钱不以损害正直为代价

"无商不奸"这句话，是针对那些依靠狡猾手段获取一点蝇头小利的小商人而言。

一流的商人，先把做人做到一流水准，然后才把生意做到一流。生意很红火，做人很糟糕，是一件值得庆幸的事，如李嘉诚说："刻薄成家，理无久享。"

9. 做大事业要有领袖气质

要把事业做到有声有色，成一定规模，靠个人单打独斗明显不行，必须组建一支精诚团队。一流商人是领袖人物而非单纯的管理者。他们不是用恐吓和威胁驱使人，而是用德行和恩泽感化人，用勇气和毅力鼓舞人，用原则和道义约束人。惟其如此，部下才乐意竭诚效力。

10. 找人完成值得你做的事

得人之力者无敌于天下也；得人之智者无畏于圣人也。一流商人认为，学会不做什么比学会做什么更重要。他们把值得做好的事情交给更有技能的人去做，让别人充当选手，而他则是组织者和裁判。他还会遵循一个基本规则：从事业成功中获得名位和财富，但绝不会把金牌挂在自己脖子上。

11. 精挑细选不如大胆用人

松下幸之助说："想全用好人来替你工作是不可能的。与其精挑细选，不如大胆用人。"每一个人创建优秀业绩的潜力都能超过你的预期，平庸商人无人可用，是因为一个坏习惯：授予责任却不授予权力——权力不足导致能力不足。一流商人敢于大胆授权，他们无人不可用，无事不可成。

12. 有所舍弃才能决策

所谓竞争力，就是从形成想法到作出决定再到付诸实施的能力。一个错误决策可能导致一败涂地；一个聪明决策则可能创造奇迹。一流商人之所以能取得不凡业绩，原因很简单：有所舍弃。为了全局不惜舍弃局部，为了长远不惜舍弃眼前，为了正确不怕犯错误，为了成功不怕冒失败的危险……

13. 赚钱要不断出奇招

兵以正合，兵以奇胜，这是军事上争夺胜利的诀窍，也是商场中领先对手的技艺。在经营管理上，要强调"堂堂之阵，凛凛之威"；在经营方法上，要强调"求新求异，出奇制胜"。创新既是强者统治市场的法宝，也是弱者超越领先者的希望所在。谁在这方面做得出色，谁就会成为赢家。

14. 允许他人以自身利益为重

平庸商人将他人的收获看成自己的损失，他们蔑视任何公平规则，总是试图在交易或合作中多占几分便宜。一流商人允许他人以自身利益为重，他们愿意将利益公平地分配给那些应该得到它们的人，所以，他们不需要苦心寻找赚钱的机会，赚钱的生意会主动来找他做。这正是他们的成就超凡脱俗的一个主要原因。

15. 一定要克服对改变的抗拒

一流商人的特点是：从不迷恋自己喜欢的方式，而是选择市场需要的方式；从不执着于对或错，而是关注在做对时得到了什么和做错时失去了什么；从不坚持自己习惯的做法，而是选择公众接受的做法。所以，他们随时准备承认"是我错了"，并且随时准备根据需要改变自己。这正是他们的事业长盛不衰的原因。

16. 凡事都有转机，不要急忙绝望

在拳击台上，获胜的希望不仅取决于强大的打击能力，同样取决于强大的抗打击能力。商场也是如此，一流商人往往有非同一般的抗挫折能力。当最坏的结果没有发生时，他们为一分希望付出百分百的努力；当最坏的结果已经发生之后，他们开始向下一个最好的结果努力。

（资料来源　胡卫红：《世界500强创始人的16个商业信条》，北京，企业管理出版社，2004）

附　录

▲ 附录 1 ▲

2010 年世界 500 强排行榜（前 100 名）

2010 年排名	2009 年排名	公司名称（中英文）	营业收入（百万美元）	利润（百万美元）
1	3	沃尔玛（Wal-Mart Stores）	408 214	14 335
2	1	荷兰皇家壳牌石油公司（Royal Dutch Shell）	285 129	12 518
3	2	埃克森美孚（Exxon Mobil）	284 650	19 280
4	4	英国石油公司（BP）	246 138	16 578
5	10	丰田汽车公司（Toyota Motor）	204 106	2 256
6	11	日本邮政控股（Japan Post Holdings）	202 196	4 849
7	9	中国石油化工集团公司（Sinopec）	187 518	5 756
8	15	国家电网公司（State Grid）	184 496	−343
9	73	安盛（AXA）	175 257	5 012
10	13	中国石油天然气集团公司（China National Petroleum）	165 496	10 272
11	5	雪佛龙（Chevron）	163 527	10 483
12	8	荷兰国际集团（ING Group）	163 204	−1 300
13	12	通用电气（General Electric）	156 779	11 025
14	6	道达尔（Total）	155 887	11 741
15	37	美国银行（Bank of America Corp.）	150 450	6 276

2010年排名	2009年排名	公司名称 （中英文）	营业收入 （百万美元）	利润 （百万美元）
16	14	大众公司（Volkswagen）	146 205	1 334
17	7	康菲石油（Conoco Phillips）	139 515	4 858
18	24	法国巴黎银行（BNP Paribas）	130 708	8 106
19	47	意大利忠利保险公司（Assicurazioni Generali）	126 012	1 820
20	20	安联保险集团（Allianz）	125 999	5 973
21	29	美国电话电报公司（AT&T）	123 018	12 535
22	25	家乐福（Carrefour）	121 452	454
23	19	福特汽车公司（Ford Motor）	118 308	2 717
24	17	埃尼集团（ENI）	117 235	6 070
25	49	摩根大通（J. P. Morgan Chase & Co.）	115 632	11 728
26	32	惠普（Hewlett-Packard）	114 552	7 660
27	26	意昂集团（E. ON）	113 849	11 670
28	41	伯克希尔—哈撒韦公司（Berkshire Hathaway）	112 493	8 055
29	53	法国燃气苏伊士集团（GDF Suez）	111 069	6 223
30	23	戴姆勒股份公司（Daimler）	109 700	-3 670
31	44	日本电报电话公司（Nippon Telegraph & Telephone）	109 656	5 302
32	40	三星电子（Samsung Electronics）	108 927	7 562
33	39	花旗集团（Citigroup）	108 785	-1 606
34	42	麦克森公司（McKesson）	108 702	1 263
35	55	威瑞森电信（Verizon Communications）	107 808	3 651
36	46	法国农业信贷银行（Credit Agricole）	106 538	1 564
37	35	西班牙国家银行（Banco Santander）	106 345	12 430
38	18	通用汽车（General Motors）	104 589	0

2010年排名	2009年排名	公司名称（中英文）	营业收入（百万美元）	利润（百万美元）
39	21	汇丰控股（HSBC Holdings）	103 736	5 834
40	30	西门子（Siemens）	103 605	3 097
41	.	美国国际集团（American International Group）	103 189	−10 949
42	256	英国劳埃德银行集团（Lloyds Banking Group）	102 967	4 409
43	60	卡地纳健康集团（Cardinal Health）	99 613	1 152
44	48	雀巢（Nestlé）	99 114	9 604
45	63	CVS Caremark公司（CVS Caremark）	98 729	3 696
46	141	富国银行（Wells Fargo）	98 636	12 275
47	52	日立（Hitachi）	96 593	−1 152
48	45	IBM（International Business Machines）	95 758	13 425
49	16	德克夏集团（Dexia Group）	95 144	1 404
50	22	俄罗斯国家天然气公司（Gazprom）	94 472	24 556
51	51	本田汽车（Honda Motor）	92 400	2 891
52	57	法国电力集团（Électricité de France）	92 204	5 428
53	221	英杰华集团（Aviva）	92 140	1 692
54	34	巴西国家石油公司（Petrobras）	91 869	15 504
55	38	苏格兰皇家银行（Royal Bank of Scotland）	91 767	−4 167
56	27	委内瑞拉国家石油公司（PDVSA）	91 182	1 608
57	50	麦德龙（Metro）	91 152	532
58	56	乐购（Tesco）	90 234	3 690
59	61	德国电信（Deutsche Telekom）	89 794	491
60	62	意大利国家电力公司（Enel）	89 329	7 499
61	71	联合健康集团（UnitedHealth Group）	87 138	3 822
62	43	法国兴业银行（Société Générale）	84 157	942

续表

2010 年排名	2009 年排名	公司名称（中英文）	营业收入（百万美元）	利润（百万美元）
63	67	日产汽车（Nissan Motor）	80 963	456
64	31	墨西哥国家石油公司（Pemex）	80 722	-7 011
65	79	松下（Panasonic）	79 893	-1 114
66	68	宝洁（Procter & Gamble）	79 697	13 436
67	69	乐金公司（LG）	78 892	1 206
68	66	西班牙电信（Tlefónica）	78 853	10 808
69	81	索尼（Sony）	77 696	-439
70	82	克罗格（Kroger）	76 733	70
71	.	法国 BPCE 银行集团（Groupe BPCE）	76 464	746
72	.	保诚集团（Prudential）	75 010	1 054
73	95	慕尼黑再保险集团（Munich Re Group）	74 764	3 504
74	36	挪威国家石油公司（Statoil）	74 000	2 912
75	96	日本生命保险公司（Nippon Life Insurance）	72 051	2 624
76	91	美源伯根公司（AmerisourceBergen）	71 789	503
77	99	中国移动通信集团公司（China Mobile Communications）	71 749	11 656
78	87	现代汽车（Hyundai Motor）	71 678	2 330
79	88	好市多（Costco Wholesale）	71 422	1 086
80	94	沃达丰（Vodafone）	70 899	13 782
81	59	巴斯夫公司（BASF）	70 461	1 960
82	78	宝马（BMW）	70 444	284
83	255	苏黎世金融服务公司（Zurich Financial Services）	70 272	3 215
84	33	瓦莱罗能源公司（Valero Energy）	70 035	-1 982

2010 年排名	2009 年排名	公司名称（中英文）	营业收入（百万美元）	利润（百万美元）
85	64	菲亚特（Fiat）	69 639	−1 165
86	54	德国邮政（Deutsche Post）	69 427	895
87	92	中国工商银行（Industrial & Commercial Bank of China）	69 295	18 832
88	93	ADM 公司（Archer Daniels Midland）	69 207	1 707
89	97	东芝（Toshiba）	68 731	−213
90	.	英国法通保险公司（Legal & General Group）	68 290	1 346
91	116	波音（Boeing）	68 281	1 312
92	84	美国邮政（U. S. Postal Service）	68 090	−3 794
93	65	卢克石油公司（Lukoil）	68 025	7 011
94	75	标致（Peugeot）	67 297	−1 614
95	196	法国国家人寿保险公司（CNP Assurances）	66 556	1 396
96	83	巴克莱银行（Barclays）	66 533	14 648
97	90	家得宝公司（Home Depot）	66 176	2 661
98	100	塔吉特公司（Target）	65 357	2 488
99	28	阿塞洛—米塔尔（ArcelorMittal）	65 110	118
100	112	Wellpoint 公司（WellPoint）	65 028	4 746

附录2

2010 年世界 500 强中国企业排行榜（54 家）

排名	公司标志	公司名称	主要业务	营业收入（亿美元）
7	中国石化 SINOPEC	中国石化	炼油	1 875.18
8	国家电网公司 STATE GRID CORPORATION OF CHINA	国家电网	电力	1 844.96
10		中国石油天然气	炼油	1 654.96
77	中国移动通信 CHINA MOBILE	中国移动通信	电信	717.49
87	中国工商银行 INDUSTRIAL AND COMMERCIAL BANK OF CHINA	中国工商银行	银行	692.95
112	H	鸿海精密	电子	593.24
116	中国建设银行 China Construction Bank	中国建设银行	银行	583.61
118	中国人寿 CHINA LIFE	中国人寿	保险	570.19
133	CRCC	中国铁道建筑总公司	工程建筑	520.44
137	中国中铁股份有限公司 CHINA RAILWAY GROUP LIMITED	中国中铁	工程建筑	507.04

续表

排名	公司标志	公司名称	主要业务	营业收入（亿美元）
141	中国农业银行 AGRICULTURAL BANK OF CHINA	中国农业银行	银行	497.42
143	中国银行 BANK OF CHINA	中国银行	银行	496.82
156	中国南方电网 CHINA SOUTHERN POWER GRID	中国南方电网	电力	457.35
182	东风汽车公司 DONGFENG MOTOR CORPORATION	东风汽车	汽车	394.02
187	中国建筑工程总公司 CHINA STATE CONSTRUCTION ENGAG CORP.	中国建筑工程总公司	工程建筑	381.17
203	中国中化集团公司 SINOCHEM CORPORATION	中化集团	贸易	355.77
204	中国电信 CHINA TELECOM	中国电信	电信	355.57
223	SAIC	上汽集团	汽车	336.29
224	中国交通建设股份有限公司 CHINA COMMUNICATIONS CONSTRUCTION COMPANY Ltd.	中交集团	工程建筑	334.65
242	noble group	来宝集团	贸易	311.83
252	中国海洋石油总公司 CHINA NATIONAL OFFSHORE OIL CORP.	中国海洋石油总公司	炼油	306.80
254	中国中信集团公司 CITIC Group	中信集团	多样化	306.05

排名	公司标志	公司名称	主要业务	营业收入（亿美元）
258	第一汽车	一汽集团	汽车	302.37
275	中国南方工业集团公司	中国南方工业集团	多样化	287.57
276	宝钢	宝钢集团	金属	285.91
281	國泰金控 Cathay Financial Holdings	国泰金融控股	保险	283.15
302	和記黃埔	和记黄埔	多元化	269.38
312	COFCO	中粮集团	贸易	260.98
313	中国华能集团公司 CHINA HUANENG GROUP	中国华能集团	电力	260.19
314	HBIS 河北钢铁集团	河北钢铁集团	金属	259.24
315	MCC 中国冶金科工集团公司 CHINA METALLURGICAL GROUP CORP.	中冶集团	工程建筑	258.68
327	Quanta Computer	广达电脑	计算机	254.29
330	中国航空工业集团公司 Aviation Industry Corporation of China	中国航空工业集团	航空航天	251.89
332	中国五矿集团公司 CHINA MINMETALS CORPORATION	中国五矿集团	贸易	249.56

排名	公司标志	公司名称	主要业务	营业收入（亿美元）
348	中国兵器工业集团公司 CHINA NORTH INDUSTRIES GROUP CORPORATION	中国兵器工业集团	多样化	241.50
352	中国中钢集团公司 SINOSTEEL CORPORATION	中钢集团	金属	240.14
356	神华集团有限责任公司 SHENHUA GROUP CORPORATION LIMITED	神华集团	煤炭	236.05
368	China Unicom 中国联通	中国联通	电信	231.83
371	PICC 中国人民保险集团股份有限公司	中国人民保险集团	保险	231.16
382	Jardines	怡和洋行	贸易	225.01
383	中国平安 PINGAN	中国平安保险	保险	223.74
395	华润	华润集团	多样化	219.02
397	HUAWEI	华为技术	电信设备	218.21
412	中国大唐集团公司 China Datang Corporation	中国大唐集团	电力	214.60
415	沙钢集团	江苏沙钢集团	金属	214.19
428	武汉钢铁(集团)公司 WUHAN IRON AND STEEL(GROUP) CORP.	武汉钢铁集团	金属	205.43

续表

排名	公司标志	公司名称	主要业务	营业收入 （亿美元）
431		仁宝电脑	计算机	204.48
434		中油公司	炼油	202.53
436		中国铝业集团	金属	198.51
440		交通银行	银行	195.68
452		台塑石化	化学	192.04
465		华硕电脑	计算机	184.74
477		中国国电集团	电力	178.71
487		宏碁集团	计算机	173.80

主要参考文献

1. 方军：《世界上最成功的 50 个经营智慧》，北京，中国华侨出版社，2002。

2. 胡卫红：《世界 500 强创始人的 16 个商业信条》，北京，企业管理出版社，2004。

3. 苗雨：《世界 500 强营销之道》，北京，地震出版社，2005。

4. 张俊杰：《600 位富商的经营之道》，北京，中共党史出版社，2010。

5. 武文胜：《MBA 经营奥秘精华读本》，北京，中国社会科学出版社，2004。

6. 肖轶：《财富故事：从平民到富翁》，北京，中国社会科学出版社，2002。

7. 江博宇：《经典管理寓言》，哈尔滨，黑龙江人民出版社，2005。

8. 何帆生：《每天学点管理心理学》，北京，五洲传播出版社，2010。

9. 舒咏平：《实用策划学》，北京，中国商业出版社，1996。

10. 朱吉玉：《管理心理学》，大连，东北财经大学出版社，2011。

11. 朱吉玉：《消费心理学》，大连，大连出版社，2010。

12. 红日：《世界 500 强企业总裁工作手册》，北京，中国国际广播出版社，2005。